南京农业大学应用经济学（金融学）系列论著

国家自然科学基金青年项目"税务部门执法改革的微观

处罚裁量基准改革的准自然实验"（项目编号：722020

江苏省社科应用研究精品工程财经发展专项课题"数字化转型赋能江苏企业高质量

展研究"（项目编号：22SCB-33）

U0577546

CEO组织认同与公司财务决策

CEO Organizational Identification and Corporate Financial Decision-Making

汤晓建◎著

经济管理出版社

ECONOMY & MANAGEMENT PUBLISHING HOUSE

图书在版编目（CIP）数据

CEO 组织认同与公司财务决策/汤晓建著 . —北京：经济管理出版社,2022. 12
ISBN 978-7-5096-8868-7

Ⅰ.①C… Ⅱ.①汤… Ⅲ.①企业管理—组织管理—关系—财务管理—研究 Ⅳ.①F272. 9 ②F275

中国版本图书馆 CIP 数据核字（2022）第 248875 号

组稿编辑：曹　靖
责任编辑：郭　飞
责任印制：黄章平
责任校对：蔡晓臻

出版发行：经济管理出版社
　　　　　（北京市海淀区北蜂窝 8 号中雅大厦 A 座 11 层　100038）
网　　址：www. E-mp. com. cn
电　　话：（010）51915602
印　　刷：唐山昊达印刷有限公司
经　　销：新华书店
开　　本：720mm×1000mm/16
印　　张：11. 5
字　　数：187 千字
版　　次：2023 年 3 月第 1 版　　2023 年 3 月第 1 次印刷
书　　号：ISBN 978-7-5096-8868-7
定　　价：88. 00 元

·版权所有　翻印必究·
凡购本社图书，如有印装错误，由本社发行部负责调换。
联系地址：北京市海淀区北蜂窝 8 号中雅大厦 11 层
电话：（010）68022974　邮编：100038

序

　　代理问题一直是公司财务领域研究的热点。主流的研究主要从薪酬契约的角度提出缓解公司内部代理问题的解决方案，忽视了薪酬契约对经理人可能存在激励不足的问题。也就是说，由于经理人的薪酬与公司业绩挂钩，经理人可能会通过盈余操纵的方式提升公司业绩来满足个人薪酬激励的需要，从而损害公司价值。然而，Akerlof 和 Kranton（2000，2005，2008，2010）的研究发现，经理人组织认同能够激励经理人按照企业利益行事。随后，学术研究者开始使用 Akerlof 和 Kranton 的组织认同概念框架检验经理人组织认同与代理成本的关系（Boivie 等，2011；Abernethy 等，2017）。总体来看，这些理论研究发现为缓解公司代理问题提供了一个从经理人组织认同视角的解决方案。不过令人遗憾的是，目前有关经理人组织认同与代理问题，尤其是与公司财务决策关系的相关研究仍停留在理论层面，缺乏深入而系统的实证研究。

　　汤晓建博士的专著《CEO 组织认同与公司财务决策》在一定程度上弥补了上述研究的不足。在专著中，汤晓建博士梳理了 CEO 组织认同与公司财务决策相关研究文献，基于 2014 年证监会中国上市公司内部控制问卷调查数据库中"CEO 组织认同"的独特数据，定量分析了我国上市公司 CEO 组织认同的现状，分别实证检验了 CEO 组织认同对高管薪酬激励、公司创新和信息披露决策的影响，积极探索了中国制度情景下 CEO 组织认同与公司财务决策的关系。研究结果表明，CEO 组织认同能够保持 CEO 与公司利益一致，激励 CEO 按照公司利益行事，从而促使 CEO 做出利于公司价值最大化的决策行为。但是，受公司外部环境的影响，CEO 组织认同也可能诱发 CEO 为了公司短期利益而做出牺牲公司长期价值的决定。由此可见，CEO 组织认同对公司财务决策的作用存在"两面性"，进而监管层有必要加强对 CEO 监管，规范 CEO 做出合规的决策，促进公司注重长远利益实现。

专著的创新和贡献主要是：第一，拓展了个体心理特征对公司财务决策行为影响的研究视角，丰富了个体心理特征对公司财务决策行为影响的相关研究文献；第二，拓展了 CEO 组织认同在会计学领域的实证研究，丰富了 CEO 组织认同在会计学领域的研究文献；第三，拓展了 CEO 组织认同与公司财务决策行为关系在中国集体主义情境下的研究，弥补了集体主义情境下有关 CEO 组织认同对公司财务决策行为影响的研究空白；第四，丰富了个体心理学特征对公司财务决策行为影响行为学方面的经验证据，也为完善投资者利益保护机制提供了个体心理学视角的经验证据。

我很欣喜地看到，汤晓建博士的与本专著相关的研究成果已经陆续发表在国内外学术期刊上，如 *Management and Organization Review*、*Accounting & Finance*、《当代会计评论》、《会计与经济研究》等，并获得了比较好的学术反响。此外，基于本书的研究基础，汤晓建博士与之相关的延伸研究论文已经在会计学国际顶级期刊 *Review of Accounting Studies* 上发表。

作为本书作者的博士导师，我很乐意将本书推荐给大家，以鼓励青年博士多扎根于中国会计制度与实践场景，用心讲好中国会计故事！

林斌教授

中山大学管理学院

2022 年 8 月 27 日

前　言

现代公司所有权与控制权的分离，造成了管理者与股东之间信息不对称，产生了管理者与股东之间委托代理成本，导致了管理者与公司利益的不一致。在传统的委托代理理论下，薪酬契约能够降低经理人与股东之间的委托代理成本，促使经理人按照公司利益行事。但是，由于经理人薪酬与公司业绩挂钩，经理人可能会通过盈余操纵行为调整公司业绩满足薪酬契约中的公司业绩要求来实现个人利益的最大化，阻碍了经理人利于公司价值最大化决策的制定与执行。现实中，CEO 为公司关键决策者，显著影响着公司财务决策的效率和效果。所以，薪酬契约对激励 CEO 按照公司利益行事并不完全有效。

CEO 组织认同是一种以 CEO 自我为中心的自我身份与组织之间的密切关系。当 CEO 组织认同嵌入委托代理模型中，CEO 组织认同能够降低 CEO 与股东之间的委托代理成本，促使 CEO 按照公司利益行事，从而促使 CEO 做出利于公司价值最大化的决策。所以，CEO 组织认同为改善公司财务决策的效果和效率提供了一个新的研究视角，进而基于代理理论和组织认同理论视角来探究 CEO 组织认同对公司财务决策行为的影响显得很有必要。因此，基于代理理论和组织认同理论的视角，以证监会中国上市公司内部控制问卷调查数据中"CEO 组织认同数据"为研究基础，本书主要探究了 CEO 组织认同的公司财务决策效应。

第一，基于代理理论和组织认同理论视角，当 CEO 组织认同被融入代理理论中，CEO 组织认同能够促进 CEO 按照公司利益行事。然而，理论上薪酬业绩敏感性反映了 CEO 与公司利益一致性的程度。因此，本书探究了 CEO 组织认同对高管薪酬业绩敏感性的影响。研究发现，CEO 组织认同能够显著加强高管薪酬业绩的敏感性。此外，本书进一步按照财务报告质量和分析师跟踪分组检验，相比于财务报告质量较好的公司，组织认同感越强的 CEO 越能显著增强财务报告质量较差的公司薪酬业绩敏感性；相比于分析师跟踪较多的公司，组织认同感越强的 CEO 越能显著增强分析师跟踪较少的公司薪酬业绩敏感性。所以，本书的研究结果表明，CEO 组织认同能够显著增强高管薪酬业绩的敏感性，促使 CEO 按照公司利益行事，以此做出符合公司价值最大化的决策行为。

第二，基于代理理论和组织认同理论视角，在正常经营活动中，组织认同感强的 CEO 会做出符合企业长期利益的决策行为。所以，本书探究了基于创新投入视角 CEO 组织认同对公司长期利益决策行为的影响。研究发现，CEO 组织认同显著促进了企业创新投入的增加。本书进一步探究了基于分析师跟踪情境、机构投资者持股视角 CEO 组织认同与公司创新投入的关系。分析师跟踪人数会显著增强 CEO 组织认同与企业创新投入呈正相关关系；机构投资者持股比例会显著增强 CEO 组织认同与企业创新投入呈正相关关系。以上研究表明，在企业正常经营中，组织认同感强的 CEO 会更注重企业创新投入，这不仅能够获得行业内竞争优势，而且在很大程度上能够促进企业长期利益的实现。所以，这就产生了 CEO 在公司财务决策上的"远视行为"。另外，本书进一步考虑了企业创新投入的持续性，企业创新投入行业差异的情境。研究发现，组织认同感越强的 CEO 会持续促进企业创新投入的增加，以及相比于较高创新投入的行业公司，组织认同感强的 CEO 会削减较低创新投入行业公司的创新投入。进一步表明，组织认同感强的 CEO 会充分将自己与公司利益绑定在一起，注重公司创新投入的持续性以及根据实际情况做出合理的公司创新决策。

第三，基于代理理论和组织认同理论视角，组织认同感强的 CEO 可能会在某种情境下做出符合企业短期利益的决策行为。所以，本书探究了在较弱的法律制度环境下基于坏消息隐藏视角CEO组织认同与公司短期利益决策行为的关系。当公司坏消息被隐藏到一定阈值时，投资者会感知到被CEO隐藏的坏消息。此时，由于公司坏消息的积聚效应，它会产生股价的负偏态性，从而诱发股价崩盘风险。所以，本书探究CEO组织认同与公司坏消息隐藏的关系实质上等同于探究CEO组织认同与公司股价崩盘风险的关系。研究发现，CEO组织认同显著加剧了公司坏消息隐藏。本书进一步探究了基于公司亏损情境视角CEO组织认同与公司坏消息隐藏的关系。研究发现，公司亏损会显著加剧CEO组织认同与公司坏消息隐藏的正相关关系。另外，本书进一步探究了在公司亏损状态下基于公司融资需求和产品市场竞争视角CEO组织认同与公司坏消息隐藏的关系。研究发现，相比于未亏损的公司，组织认同感越强的CEO对高融资需求、产品市场竞争激烈的亏损公司坏消息的隐藏程度越大。以上研究发现表明，受制较弱的法律制度环境影响，组织认同感强的CEO受企业短期利益的驱使，会利用公司坏消息隐藏的手段产生公司财务决策上的"短视行为"。所以，虽然CEO对公司坏消息的隐藏有利于企业的短期利益实现，但其所隐藏的公司层面坏消息会损害投资者的投资信心，很大程度上给资本市场造成动荡。

综上所述，本书的研究结果表明，CEO组织认同能够促进CEO按照公司利益行事，从而促使CEO做出利于公司价值最大化的决策行为。由此可见，CEO组织认同在公司财务决策中起到了举足轻重的作用。所以，积极增强CEO组织认同将有助于改善公司财务决策的效果，提高公司财务决策的效率。但是，本书的研究结果也表明，CEO组织认同也会对公司财务决策产生消极的影响。即在较弱的法律制度环境下，较强组织认同感的CEO会受到公司短期利益的影响而做出符合公司短期利益的决策行为。所以，监管层有必要努力完善法律制度环境，规范CEO做出合规的决策行为，以此保证公司长远利益实现。

课题组还继续调研了后续年份的A股上市公司CEO组织认同数据，经后续测算，相关数据结果与本书结果基本保持一致。考虑到后续问卷调研差异以及外部公司治理环境等因素的变化，为了避免因个别调研对象自身因素带来的不必要的数据扰动，保持数据结果的一致性和稳定性，本书并未采用后续的新调研数据进行分析。但是，总体上本书测算的数据结果和当前的实际情况基本都吻合，仍然具有一定的参考价值。

汤晓建

南京农业大学金融学院

2022 年 8 月 27 日

目　录

第1章 引言

1.1 问题的提出

现代公司所有权与控制权的分离，造成了管理者与股东之间的信息不对称，经理人可能会利用在公司财务决策上的信息优势谋求自身利益的最大化，由此产生了管理者堑壕效应（Entrenchment Effect）。具体地，经理人会结合自身的利益利用自己的职权做出不利于公司价值最大化的决策行为。比如，管理者堑壕机制促使经理人规避公司负债（Zwiebel，1996；Berger 等，1997）、注重公司短期利益的投资项目（Nagarajan，1995），以此实现符合个人利益最大化的帝国构建（Empire Building）。由此可见，现代公司两权的分离增加了管理者和股东之间委托代理成本，导致了管理者与公司之间的利益不一致（Jensen 和 Meckling，1976）。那么，存在怎样的机制能够促使管理者与公司的利益一致？

经验研究表明，薪酬契约能够降低管理者与股东之间的委托代理成本，促使管理者与公司利益的一致（Jensen 和 Murphy，1990；Shleifer 和 Vishny，1990）。具体地，薪酬契约主要将经理人薪酬与公司业绩挂钩，促使经理人在任职期限内做出利益公司业绩最大化的决策行为。与此同时，伴随增长的公司业绩经理人则会获得按照公司业绩一定比例计算的业绩薪酬奖励。总体来看，薪酬契约设计初衷旨在促进管理者与公司利益一致，促使管理者做出利于公司价值最大化的决策行为。但是，薪酬契约也会对经理人的决策行为带来负面的影响。毕竟，薪酬契约是以业绩为基础的，经理人可能会采用盈余操纵的手段调增业绩以满足薪酬契约的要求，从而谋求个人利益的最大化（Dechow 和 Skinner，2000）。由此，薪酬契约本身可能就是一种代理问题，以致管理者利用薪酬契约来谋求控制权私有收益（Bebchuk 等，2002；Bebchuk 和 Fried，2003）。所以，在传统代理理论中薪酬契约激励 CEO 按照公司利益行事不一定有效。

回顾传统的委托代理模型，我们不难发现，模型中设定的经理人的偏好是固定的。但是，在现实中，经理人的偏好是变动的（Akerlof 和 Kranton，2005）。变动的经理人偏好会显著影响到其与公司之间的利益一致性，从而影响到公司的经济产出（Akerlof 和 Kranton，2005，2008，2010）。在传统代理理论中薪酬契约激励 CEO 按照公司利益行事不一定有效的情况下，我们可以从经理人偏好中搜寻促使 CEO 按照公司利益行事的作用机制。实际上，CEO 组织认同是一种以 CEO 自我为中心的自我身份与组织之间的密切关系。由此，CEO 组织认同正是这样一种机制，能够将 CEO 的利益与公司的利益绑定在一起（Mael 和 Ashforth，1992；汤晓建和林斌，2018）。比如，当企业饱受批评时，组织认同度高的 CEO 会感到尴尬；当企业受到褒扬时，组织认同度高的 CEO 会感到欣喜，而且公司的成功被看成是自己的成功。所以，CEO 组织认同能够显著抑制 CEO 与股东之间的委托代理成本（Boivie 等，2011；Heinle 等，2012），激励 CEO 按照公司利益行事（Akerlof 和 Kranton，2000，2005，2008；Heinle 等，2012；汤晓建和林斌，2018）。

作为经理人团队的核心成员，CEO 是公司关键决策者。由此，CEO 组织认同势必会影响到 CEO 的公司财务决策行为。正如前文所述，CEO 组织认同能够降低 CEO 与股东之间的委托代理成本，激励 CEO 按照公司利益行事。这势必会激励 CEO 做出利于公司价值最大化的决策行为。所以，CEO 组织认同为改善公司财务决策的效果和效率提供了一个新的研究视角，进而基于代理理论和组织认同理论视角来探究 CEO 组织认同对公司财务决策行为的影响尤为必要。因此，基于代理理论和组织认同理论的视角，本书主要探究了 CEO 组织认同的决策效应。

首先，基于代理理论和组织认同理论双重视角，在薪酬契约对 CEO 激励不完全有效的情况下，CEO 组织认同在很大程度上能够弥补薪酬契约对 CEO 激励不足的局限，促使 CEO 与公司利益保持一致，激励 CEO 按照公司利益行事。薪酬业绩敏感性反映了 CEO 与公司利益一致性的程度（Jensen 和 Murphy，1990；Core 等，1999；Conyon 和 He，2011；Ke 等，2012；Gao 和 Li，2015；Ke 等，2016）。所以，本书第一个研究的主要问题是探究 CEO 组织认同对高管薪酬业绩敏感性的影响。

其次，基于代理理论和组织认同理论双重视角，CEO 组织认同能够激励 CEO 按照公司利益行事。CEO 组织认同能够抑制 CEO 基于个人利益的"短视行为"，而更注重公司长期利益的创造。以往研究表明，公司创新投入（R&D 投入）能够反映 CEO 基于个人利益的"短视行为"情况（田轩，2018）。由于企业创新项目投入是一个长期过程，与之相伴的是未来项目的不可预期性和风险性，以致会有较高失败的可能（Holmstrom，1989）。此时，较高组织认同感的 CEO 会更注重公司长期利益的创造，具体表现为注重公司创新投入的增加。所以，本书第二个研究的主要问题是基于公司创新投入视角探究 CEO 组织认同对公司创新投入决策行为的影响。

最后，基于代理理论和组织认同理论双重视角，CEO 组织认同促使 CEO 更注重公司长期利益的实现。但是，在薄弱的制度环境下，受制公司短期压力的影响，CEO 组织认同可能会促使 CEO 注重企业短期利益的实现，以此做出符合公司短期利益的决策行为。一般地，公司财务信息披露是 CEO 向外部投资者呈报公司业绩和治理状况的重要渠道（Healy 和 Palepu，2001）。其中，财务信息在资源配置中起着重要的作用（Healy 和 Palepu，2001；周中胜和陈汉文，2008；Armstrong 等，2010），显著影响着同行业间市场竞争优势的取得（Harris，1998；Dedman 和 Lennox，2009；Markarian 和 Santaló，2014；Bernard，2016）。尤其是公司为了避免市场竞争优势被同业竞争者掠夺而隐藏公司层面坏消息不及时披露（Bernard，2016）。同时，较弱的法律制度环境也容易滋生政企合谋现象（Chen等，2008），弱化监管机构对上市公司监管的效力（Chen等，2006；Jiang等，2015；王磊和孔东民，2014；李志生等，2017；张俊生等，2017），从而很大程度上也弱化了 CEO 对公司信息披露决策的责任感。比如，即使出现与 CEO 相关的信息披露违规行为，监管机构对其处以的处罚是固定的，而且不具有威慑力（Jiang等，2015）。

所以，在较弱的法律制度环境下，CEO 隐藏公司层面的坏消息对于 CEO 而言损失较小，反而在短期内很可能利用隐藏坏消息来获取同行业间竞争优势，以此促进公司短期利益的提升。同样地，较弱的法律制度环境会弱化具有较强组织认同感 CEO 对公司信息披露决策的责任感。由此，在较弱的法律制度环境下，较强组织认同感的 CEO 具有按照公司利益行事的强烈意愿，但为了能够获取短期内同行业间竞争优势来实现短期利益的增加，CEO 可能会隐藏公司层面坏消息的披露。因此，本书研究的第三个主要问题是在较弱的制度环境下，基于公司坏消息隐藏视角探究 CEO 组织认同对公司坏消息隐藏决策行为的影响。

1.2 研究意义和创新

1.2.1 理论意义

本书的研究存在以下理论意义：

第一，本书的研究拓展了个体心理特征对公司财务决策行为影响的研究视角，丰富了个体心理特征对公司财务决策行为影响的相关研究文献。以往研究较多地从 CEO 的人口统计学特征（如姓名、性别、年龄、任职期限、政治联系、从军经历等）或者采用财务指标间接刻画的心理学特征（如过度自信、风险偏好等）来探究 CEO 相关个人特质对公司财务决策行为的影响，而缺乏从作为个体心理特征的 CEO 组织认同视角探究 CEO 组织认同对公司财务决策行为的影响。事实上，基于代理理论和组织认同理论视角，把 CEO 组织认同嵌入传统的委托代理模型中，CEO 组织认同能够弥补薪酬契约对激励 CEO 按照公司利益行事的不足，在很大程度上促使 CEO 与公司的利益保持一致，激励 CEO 按照公司利益行事，从而促进 CEO 做出有利于公司价值最大化的决策行为。总体来看，基于代理理论和组织认同理论的视角，CEO 组织认同能够促使 CEO 做出有利于公司价值最大化的决策行为，以此增强了对公司投资者利益的保护。

第二，本书的研究拓展了 CEO 组织认同在会计学领域的实证研究，丰富了 CEO 组织认同在会计学领域的研究文献。现有有关 CEO 组织认同的研究主要集中在管理学领域（Boivie 等，2011；Peterson 等，2012）。由于 CEO 组织认同能够激励 CEO 按照公司利益行事，所以，会计学领域也逐渐开始关注 CEO 组织认同研究。但是，目前有关 CEO 组织认同的会计领域的研究主要处在理论研究阶段（Heinle 等，2012），而缺乏实际的实证研究。因此，基于代理理论与组织认同理论的视角，本书对 CEO 组织认同与公司财务决策行为关系的探究丰富了 CEO 组织认同在会计领域的实证研究，也补充了与之相关的会计领域研究文献。

第三，本书的研究拓展了 CEO 组织认同与公司财务决策行为关系在中国集体主义情境下的研究，弥补了集体主义情境下有关 CEO 组织认同对公司财务决策行为影响的研究空白。现有 CEO 组织认同管理学、会计学领域的相关研究主要是立足于西方个人主义情境下的研究。然而，组织认同主要体现的是集体主义行为。所以，西方有关 CEO 组织认同与公司财务决策行为关系研究的结论可能存在一定的偏差，不具有一定的代表性、推广性。但是，中国集体主义的制度情境下有关 CEO 组织认同对公司财务决策行为影响研究正好弥补了以上不足，拓展了有关 CEO 组织认同与公司财务决策行为关系在集体主义制度情境下的研究视角。

1.2.2 现实意义

本书存在以下现实意义：

第一，本书的研究丰富了个体心理学特征对公司财务决策行为影响行为学方面的经验证据，为完善投资者利益保护机制提供了个体心理学视角的经验证据。具体地，基于代理理论和组织认同理论视角，通过对 CEO 组织认同与公司财务决策行为关系的研究，发现作为一种个体心理学特征，CEO 组织认同能够促使 CEO 与公司利益保持一致，激励 CEO 按照公司利益行事，从而做出利于公司价值最大化的决策行为。所以，我们应当注重 CEO 组织认同对公司财务决策行为的影响，一方面，建议监管部门积极出台有利于增强 CEO 组织认同的相关政策、部门规章或者条例；另一方面，建议公司积极营造良好的组织文化氛围、制定合理的管理章程，以此促进 CEO 组织认同感的增强。

第二，本书的研究对改善公司财务决策的效果、提升公司财务决策的效率存在一定的政策借鉴意义。具体地，本书的研究发现，基于代理理论和组织认同理论的视角，CEO 组织认同能够激励 CEO 按照公司利益行事（包括短期利益行为和长期利益行为），以此做出有利于公司价值最大化的决策行为。由此表明，CEO 组织认同在公司财务决策中起到了举足轻重的作用，势必影响着公司财务决策的效果和效率，从而影响公司价值最大化的实现。监管部门应充分考虑 CEO 组织认同对公司财务决策行为的影响，在出台或者修订相关公司治理准则、指南和规范时应充分考虑到 CEO 组织认同因素，进而制定或者修订出有利于增强 CEO 组织认同的相关准则、指南和规范。

1.2.3 研究创新

本书存在以下研究创新：

第一，本书的研究拓展了个体心理特征对公司财务决策行为影响的研究视角，丰富了个体心理特征对公司财务决策行为影响的相关研究文献，为个体心理特征对公司财务决策行为影响提供了 CEO 组织认同角度的理论解释。基于行为心理学的视角，现有研究主要关注了 CEO 过度自信、风险偏好等内在心理特征因素对公司财务决策行为的影响。但是，这些研究仅仅立足于高阶理论的视角，即经理人的经验、价值观、个性特征会显著影响他们的决策行为选择（Hambrick 和 Mason，1984；Hambrick，2007），而忽视从代理理论与组织认同理论结合的视角来观察 CEO 组织认同对公司财务决策行为的影响。具体地，让 CEO 组织认同嵌入委托代理模型中，以此来保持 CEO 与公司利益一致，激励 CEO 按照公司利益行事，从而做出有利于公司价值最大化的决策行为。因此，本书主要是基于 CEO 组织认同能够激励 CEO 按照公司利益行事（包括短期利益和长期利益行为）的代理理论和组织认同理论相结合的理论视角，主要探究了 CEO 组织认同对公司财务决策行为的影响，从而为个体心理特征对公司财务决策行为影响提供了 CEO 组织认同角度的理论解释。

　　第二，本书的研究丰富了 CEO 组织认同经济后果实证研究。以往研究主要集中在 CEO 组织认同与公司利益一致性的理论论证上（Akerlof 和 Kranton，2000，2005，2008，2010；Heinle 等，2012），鲜有研究从实证上系统论证 CEO 组织认同经济后果。然而，本书首先实证论证了 CEO 组织认同与高管薪酬业绩敏感性的关系，以此从实证上支持了 CEO 组织认同能够激励 CEO 按照公司利益行事的观点。基于这一观点，本书从实证上进一步论证了 CEO 组织认同的决策效益。研究表明，较高组织认同感的 CEO 会更注重公司长期利益的创造，具体表现为注重公司创新投入的增加，以此做出符合公司长期利益的创新投资决策。但是，在薄弱的制度环境下，受公司短期压力的影响，CEO 组织认同可能会促使 CEO 注重企业短期利益的实现，以此做出符合公司短期利益的公司坏消息隐藏的决策行为。

　　第三，本书的研究弥补了集体主义情境下有关 CEO 组织认同对公司财务决策行为影响的研究空白，拓展了有关 CEO 组织认同与公司财务决策行为关系在集体主义制度情境下的研究。目前少有的关于 CEO 组织认同与公司财务决策行为关系的研究主要集中在管理学领域（Boivie 等，2011；Peterson 等，2012）。另外，虽然会计学领域也开始关注 CEO 组织认同与公司财务决策行为的影响，比如，Heinle 等（2012）从经济数学的视角理论推导出 CEO 组织认同能够激励 CEO 按照公司利益行事，从而做出有利于公司价值最大化的决策行为，但这仅仅体现在理论层面而并未给出详细的经验证据。此后，Abernethy 等（2017）从实证研究视角探究了 CFO 组织认同与盈余操纵的关系，研究发现，组织认同感强的 CFO 显著降低了盈余操纵行为。不过，Abernethy 等的研究存在以下两个重要缺陷：第一，研究样本过少，而且缺乏代表性。他们的研究样本为荷兰的 183 家公司。第二，CFO 的组织认同可能会受到 CEO 组织认同的影响，以致研究结论缺乏可靠性。他们研究对象为 CFO 的组织认同。但是，CFO 在公司财务决策上重要性弱于 CEO。毕竟，实务上 CFO 的任命、决策执行都需要听从 CEO 的意见。所以，真正影响盈余操纵行为的是 CEO 组织认同而不是 CFO 组织认同。总体来看，这些已有的西方有关经理人组织认同与公司财务决策行为的研究主要立足于西方的个人主义情境。然而，组织认同主要体现的是集体主义行为。所以，西方有关 CEO 组织认同与公司财务决策行为关系研究的结论可能存在一定的偏差，不具有一定的代表性、推广性。但是，中国集体主义的制度情境下有关 CEO 组织认同对公司财务决策行为影响研究正好弥补了以上不足，也拓展了有关 CEO 组织认同与公司财务决策行为关系在集体主义制度情境下的研究。

1.3 研究框架和章节安排

1.3.1 研究框架

基于代理理论和组织认同理论视角，立足于中国集体主义情境，本书探究了 CEO 组织认同与公司财务决策行为的关系。具体地，本书主要研究以下三方面内容：①CEO 组织认同对高管薪酬业绩敏感性的影响。②基于创新投入视角 CEO 组织认同对公司长期利益决策行为的影响。③在薄弱的制度环境下，基于坏消息隐藏视角 CEO 组织认同对公司短期利益决策行为的影响。随后，本书将基于图 1-1 的研究框架依次介绍每个研究问题的逻辑思路。

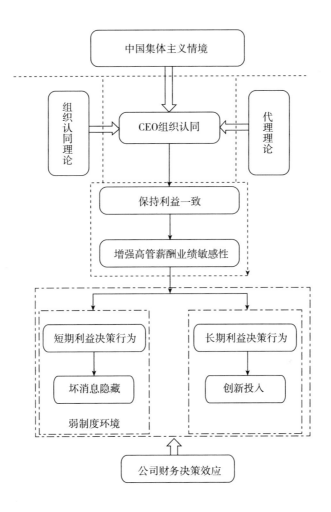

图 1-1　研究框架

1.3.1.1　CEO 组织认同与高管薪酬业绩敏感性

本书第一个研究的主要问题是探究 CEO 组织认同对高管薪酬业绩敏感性的影响。

现代公司所有权与控制权分离，导致了管理者与股东之间信息不对称，增加了两者之间的委托代理成本，进而产生了管理者与公司利益的不一致性（Jensen 和 Meckling，1976）。然而，经验研究表明，薪酬契约能够降低管理者与股东之间的委托代理成本，有效促进管理者和公司的利益一致性（Healy，1985）。具体地，最优契约理论认为，薪酬契约能够通过提高薪酬业绩的敏感性，以此降低管理层与股东之间的代理成本，从而促使管理层与公司利益一致，并按照公司利益行事（Jensen 和 Murphy，1990）。但是，薪酬契约对保证管理者和公司之间的利益一致性可能会失效。管理层权力理论认为，薪酬契约在一定程度上能够降低管理层与公司之间的代理成本，但是，薪酬契约本身可能就是一种代理问题。具体地，管理层权力影响董事会关于高管团队薪酬的制定，以致促使管理层在薪酬契约中谋求控制权私有收益（Bebchuk 等，2002；Bebchuk 和 Fried，2003）。尤其是 CEO 很大程度上可能会通过盈余操纵的机会主义手段粉饰公司的财务业绩以满足薪酬合同的要求获取自身短期利益的最大化（Dechow 和 Skinner，2000；Jensen 和 Murphy，2012）。由此表明，薪酬契约可能会助长管理者的机会主义行为，增加了管理者与股东之间的代理成本，促使管理者做出违背公司利益的决策行为。

　　基于代理理论与组织认同理论双重视角，CEO 组织认同能够作为薪酬契约的一种互补机制来激励 CEO 按照公司利益行事。具体而言，CEO 组织认同度越高，CEO 与公司利益绑定程度越高，越有可能按照企业利益行事，以此做出有利于公司价值最大化的公司财务决策。薪酬业绩敏感性反映了 CEO 与公司利益一致性的程度（Jensen 和 Murphy，1990；Core 等，1999；Conyon 和 He，2011；Ke 等，2012；Gao 和 Li，2015；Ke 等，2016）。本书探究了 CEO 组织认同对高管薪酬业绩敏感性的影响。因此，基于委托代理理论和组织认同理论的视角，本书探讨了 CEO 组织认同与高管薪酬业绩敏感性的关系。研究发现，CEO 组织认同会显著加强高管薪酬业绩的敏感性。此外，本书进一步按照财务报告质量和分析师跟踪分组检验，研究发现，相比于财务报告质量较好的公司，组织认同感越强的 CEO 更能显著增强财务报告质量较差的公司薪酬业绩敏感性；相比于分析师跟踪较多的公司，组织认同感越强的 CEO 更能显著增强分析师跟踪较少的公司薪酬业绩敏感性。本书的研究结果表明，CEO 组织认同能够显著增强高管薪酬业绩的敏感性，促使 CEO 按照公司利益行事，以此做出符合公司价值最大化的决策行为。

1.3.1.2 CEO 组织认同与公司长期利益决策行为：基于创新投入视角

本书第二个研究的主要问题是基于公司创新投入视角探究 CEO 组织认同对公司创新投入决策行为的影响。

企业创新不仅促使企业获得所在行业的竞争优势，而且在很大程度上能够促进一国经济的增长（Solow，1957）。以往研究表明，CEO 对企业创新决策产生重要的影响（Barker 和 Mueller，2002；Baranchuk 等，2014；Chen 等，2015）。但是，企业创新项目具有风险性、不可预期性、长期和多阶段性、劳动密集型以及特质性的特点，进而设计出对经理人有效的薪酬契约合同显得尤为重要（Holmstrom，1989）。薪酬契约旨在激励经理人按照股东的利益行事，但是，基于管理层权力视角，如果 CEO 的权力足够大，他将会影响董事会对经理人团队薪酬激励计划的制订，并利用自己的权力进行寻租，以致损害股东的利益（Bebchuk 等，2002）。另外，基于薪酬契约设计视角，以往的薪酬契约主要与企业经营业绩挂钩，一方面，如果短期内的企业经营业绩较差，CEO 很可能被惩罚以此仅仅获得较低的报酬，甚至被迫辞职（Manso，2011），由此，CEO 会更注重企业短期利益的创造，而放弃企业长期价值的实现。另一方面，由于"自利性"的存在，CEO 在很大程度上可能会通过盈余操纵的手段粉饰公司的财务业绩以满足薪酬合同的要求获取自身利益的最大化（Dechow 和 Skinner，2000；Jensen 和 Murphy，2012），以致损害公司利益。因此，传统的薪酬契约在激励 CEO 按照公司利益行事并不有效，以致很大程度上可能削弱 CEO 对企业创新项目的投入。

薪酬契约对激励 CEO 按照公司利益提高公司创新投入并不完全有效，但是，正如前文对第一个问题的论证，基于代理理论和组织认同理论双重视角，研究发现，CEO 组织认同能够激励 CEO 按照公司利益行事。由此，CEO 组织认同能够抑制 CEO 基于个人利益的"短视行为"，而更注重公司长期利益的创造。以往研究表明，公司创新投入（R&D 投入）能够反映 CEO 基于个人利益的"短视行为"情况（田轩，2018）。由于企业创新项目投入是一个长期过程，与之相伴的是未来项目的不可预期性和风险性，以致会有较高失败的可能（Holmstrom 等，1989）。此时，较高组织认同感的 CEO 会更注重公司长期利益的创造，具体表现为注重公司创新投入的增加。综上所述，本书首先探究了 CEO 组织认同与公司创新投入的关系。研究发现，CEO 组织认同显著促进了企业创新投入的增加。

金融分析师作为 CEO 与投资者之间信息披露的中介，通过对目标上市公司创新项目的走访调研以及结合自己在金融分析领域的专业知识，向投资者发布专业的研究报告，并向投资者做出相关的业绩预测和发布相关的股票购买意见。有关金融分析师关注对企业创新投入的影响存在以下两种对立的观点："信息中介"假设认为，分析师通过向投资者发布专业的研究报告、业绩预测和股票购买意见，能够有效降低 CEO 与投资者之间有关企业创新项目的信息不对称程度，抑制了 CEO 短视行为，从而能够有力地促进企业创新投入（Barth 等，2001；徐欣和唐清泉，2010；余明桂等，2017；陈钦源等，2017）。但是，金融分析师都是对企业短期业绩进行预测（Brennan 等，1993；Hong 等，2000），这会给 CEO 造成短期的市场压力。为了迎合金融分析师的短期业绩预测，CEO 很大程度上会削减以长期利益为导向的企业创新投入，而更注重企业短期价值的创造。由此，"市场压力"假设认为，金融分析师给 CEO 强加了短期的市场压力，加剧了 CEO 的短视行为，从而抑制了企业创新投入（He 和 Tian，2013）。然而，在传统的委托代理模型中，嵌入 CEO 组织认同的因素能够显著降低其与股东之间的代理成本（Boivie 等，2011；Heinle 等，2012），以此促进 CEO 做出符合公司利益需求的企业创新决策。也就是说，组织认同感越强的 CEO 会抑制其短视行为。由此可见，在 CEO 组织认同感的情境下，金融分析师很大程度上能够发挥"信息中介"的功能。所以，本书进一步探究了基于分析师跟踪情境视角 CEO 组织认同与公司创新投入的关系。研究发现，分析师跟踪人数会显著加剧 CEO 组织认同与企业创新投入的正相关关系。

机构投资者在资本市场资源配置过程中起到了重要作用（Chen 等，2007；An 和 Zhang，2013）。理论上存在两种有关机构投资者持股与企业创新的对立观点。一方面，"市场压力"假说认为，机构投资者逐利的本性促使他们更关注目标公司的短期经营业绩，从而给 CEO 产生了短期业绩的压力，以致其产生短视行为，从而削弱了其对企业创新项目的投入（Porter，1992；Kaplan 和 Minton，2006）。但是，"监督假说"认为，机构投资者能够起到监督经理人行为的作用（Chen 等，2007；An 和 Zhang，2013），降低经理人与股东之间的代理成本，以此促使经理人按照公司利益行事，进而会抑制经理人决策上的短视行为。由此可见，机构投资者持股会促使 CEO 做出有效的创新投资决策，从而促进企业创新项目的投入（Wahal 和 McConnell，2000；Aghion 等，2013）。然而，在传统的委托代理模型中，嵌入 CEO 组织认同的因素能够显著降低其与股东之间的代理成本（Boivie 等，2011；Heinle 等，2012），以此促进了 CEO 做出符合公司利益需求的企业创新决策。所以，在 CEO 组织认同感的情境下，机构投资者持股很大程度上能够发挥"监督假说"的功能。所以，本书进一步探究了基于机构投资者持股情境视角 CEO 组织认同与公司创新投入的关系。研究发现，机构投资者持股比例会显著加剧 CEO 组织认同与企业创新投入正相关关系。

总体来看，在企业正常经营中，组织认同感强的 CEO 会更注重企业创新投入，这不仅能够获得行业内竞争优势，而且在很大程度上能够促进企业长期利益的实现。所以，这就产生了 CEO 在公司财务决策上的"远视行为"。另外，本书进一步考虑了企业创新投入的持续性，企业创新投入行业差异的情境。研究发现，组织认同感越强的 CEO 会持续促进企业创新投入的增加以及相比于较高创新投入的行业公司，组织认同感强的 CEO 会削减较低创新投入行业公司的创新投入。进一步表明，组织认同感强的 CEO 充分将自己与公司利益绑定在一起，注重企业创新投入的持续性以及根据实际情况做出合理的企业创新投资决策。

1.3.1.3　CEO 组织认同与公司短期利益决策行为：基于坏消息隐藏视角

本书研究的第三个主要问题是在较弱的制度环境下，基于公司坏消息隐藏视角探究 CEO 组织认同对公司坏消息隐藏决策行为的影响。

基于代理理论和组织认同理论双重视角，CEO 组织认同促使 CEO 更注重公司长期利益的实现。但是，在薄弱的制度环境下，受公司短期压力的影响，CEO 组织认同可能会促使 CEO 注重企业短期利益的实现，以此做出符合公司短期利益的决策行为。一般地，公司财务信息披露是 CEO 向外部投资者呈报公司业绩和治理状况的重要渠道（Healy 和 Palepu，2001）。其中，财务信息在资源配置中起着重要的作用（Healy 和 Palepu，2001；周中胜和陈汉文，2008；Armstrong 等，2010），显著影响着同行业间市场竞争优势取得（Harris，1998；Dedman 和 Lennox，2009；Markarian 和 Santaló，2014；Bernard，2016）。尤其是公司为了避免市场竞争优势被同业竞争者掠夺而隐藏公司层面坏消息及时披露（Bernard，2016）。在较弱的法律制度环境下（Morck 等，2000；Allen 等，2005；Jiang 和 Kim，2015；Chen 等，2015；Chen 等，2019），容易滋生政企合谋现象（Chen 等，2008），弱化监管机构对上市公司监管的效力（Chen 等，2006；Jiang 等，2015；王磊和孔东民，2014；李志生等，2017；张俊生等，2017），从而在很大程度上也弱化了 CEO 对公司信息披露决策的责任感。比如，即使出现与 CEO 相关的信息披露违规行为，监管机构对其处罚是固定的，而且不具有威慑力（Jiang 和 Kim，2015）。

所以，在较弱的法律制度环境下，CEO 隐藏公司层面的坏消息对于 CEO 而言损失较小，反而在短期内很可能利用隐藏坏消息来获取同行业间竞争优势，以此促进公司短期利益的提升。同样地，较弱的法律制度环境会弱化具有较强组织认同感 CEO 对公司信息披露决策的责任感。由此，在较弱的法律制度环境下，较强组织认同感的 CEO 具有按照公司利益行事的强烈意愿，但为了能够获取短期内同行业间竞争优势来实现短期利益的增加，他可能会隐藏公司层面坏消息的披露。当公司坏消息被隐藏到一定阈值时，投资者会感知到被 CEO 隐藏的坏消息（Kothari 等，2009）。此时，由于公司坏消息的积聚效应，它会产生股价的负偏态性，从而诱发股价崩盘风险（Hutton 等，2009；Kim 等，2011a；Piotroski 等，2015；张俊生等，2018）。由此可见，CEO 组织认同与公司坏消息隐藏的关系实质上是 CEO 组织认同与股价崩盘风险的关系。

综上所述，基于代理理论与组织认同理论视角，在较弱的法律制度环境下，本书探究了 CEO 组织认同与公司坏消息隐藏的关系。研究发现，CEO 组织认同显著加剧了公司坏消息的隐藏。在薄弱的法律制度环境下，当企业处于不利困境时，尤其是公司面临亏损时，这种关系可能表现的更显著。如果公司不能顺利扭亏为盈，公司的商业信用资源会大量流失，股票市场融资、债务融资会受到限制，进而影响到公司的投资。在这种公司亏损的不利情境下，为了防止公司财务状况进一步恶化，在较弱的法律制度环境下，组织认同感强的 CEO 可能会更有动机隐藏公司层面的坏消息，以此帮助企业渡过短期的财务危机。所以，本书进一步探究了基于公司亏损情境 CEO 组织认同与公司坏消息隐藏的关系。研究发现，公司亏损会显著加剧 CEO 组织认同与公司坏消息隐藏的正相关关系。在薄弱的法律制度环境下，在公司亏损的状态下，当公司面临强烈的融资需求和激烈的产品市场竞争时，组织认同感强的 CEO 可能隐藏公司层面坏消息的动机更强烈。所以，本书进一步探究了在公司亏损状态下基于公司融资需求和产品市场竞争视角 CEO 组织认同与公司坏消息隐藏的关系。研究发现，相比于未亏损的公司，组织认同感越高的 CEO 对高融资需求、产品市场竞争激烈的亏损公司坏消息的隐藏程度越大。

以上研究发现表明，受制于薄弱的法律制度环境影响，组织认同感强的 CEO 受企业短期利益的驱使，会利用公司坏消息隐藏的手段产生公司财务决策上的"短视行为"。所以，虽然 CEO 对公司坏消息的隐藏有利于企业的短期利益实现，但其所隐藏的公司层面坏消息会损害投资者的投资信心，在很大程度上给资本市场造成动荡。

1.3.2　章节安排

本书共分为 7 章。具体地如图 1-2 所示。本书主要包括：引言；理论基础与文献综述；我国上市公司 CEO 组织认同现状；实证研究 1——CEO 组织认同与高管薪酬业绩敏感性；实证研究 2——CEO 组织认同与公司长期利益决策行为：基于创新投入视角；实证研究 3——CEO 组织认同与公司短期利益决策行为：基于坏消息隐藏视角；主要结论与政策建议。

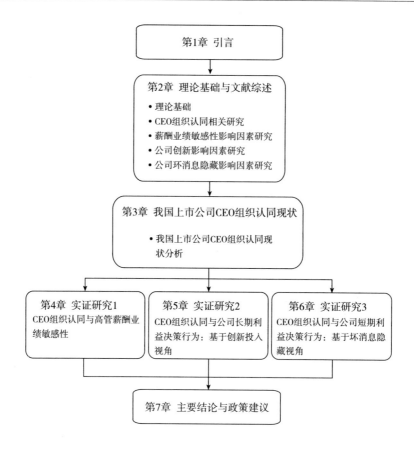

图1-2 本书章节结构

第1章，引言。本章内容主要包括问题的提出、研究意义和创新、研究框架和章节安排、研究方法。现代公司所有权与控制权的分离，产生了经理人与股东之间委托代理成本，造成了经理人和公司利益的不一致。薪酬契约能够激励经理人做出有利于公司价值最大化的决策行为。经验研究表明，经理人会利用盈余操纵等机会主义行为操纵盈余以符合薪酬契约的要求来实现个人利益的最大化，进而导致薪酬契约对激励经理人按照公司利益行事并不完全有效。不过，现有研究表明，在委托代理模型中考虑 CEO 组织认同因素后，CEO 组织认同能够激励 CEO 按照公司利益行事，从而激励 CEO 做出有利于公司价值最大化的决策行为。所以，本书基于代理理论和组织认同理论视角主要研究了 CEO 组织认同与公司财务决策行为的关系。此外，围绕所提出的研究问题，本章重点阐述了本书的研究意义和创新、研究框架和章节安排以及研究方法。

第 2 章，理论基础与文献综述。本章内容主要包括理论基础、CEO 组织认同相关研究、薪酬业绩敏感性影响因素研究、公司创新影响因素研究、公司坏消息隐藏影响因素研究。其中，理论基础主要包括委托代理理论和组织认同理论。该部分主要基于委托代理理论和组织认同理论视角，阐述 CEO 组织认同能够降低管理者与股东之间代理成本，保持 CEO 与公司利益一致，激励 CEO 按照公司利益行事（长期利益决策行为和短期利益决策行为）。这为本书后续的实证研究提供了理论基础。本章也重点进行了 CEO 组织认同相关研究、薪酬业绩敏感性影响因素研究、公司坏消息隐藏影响因素研究、公司创新影响因素研究，以此为本书后续的实证研究提供文献基础。

第 3 章，我国上市公司 CEO 组织认同现状分析。本章重点介绍了 CEO 组织认同的测度方法，CEO 组织认同信度和效度检验，以及我国上市公司 CEO 组织认同现状。

第 4 章，CEO 组织认同与高管薪酬业绩敏感性。本章首先实证检验了 CEO 组织认同对高管薪酬业绩敏感性的影响。然后，基于财务报告质量和分析师跟踪视角，本章进一步检验了 CEO 组织认同对高管薪酬业绩敏感性的影响。

第 5 章，CEO 组织认同与公司长期利益决策行为：基于创新投入视角。首先，本章实证检验了 CEO 组织认同与公司创新投入的关系。其次，本章基于分析师作为资本市场信息中介的视角，进一步探究了分析师跟踪情境下 CEO 组织认同与公司创新投入的关系。再次，本章基于机构投资者"监督假说"视角，进一步探究了机构投资者持股情境下 CEO 组织认同与公司创新投入的关系。最后，本章考虑企业创新投入的持续性和企业创新投入行业差异情境影响，进一步探究了 CEO 组织认同与公司创新投入的关系。

第 6 章，CEO 组织认同与公司短期利益决策行为：基于坏消息隐藏视角。公司坏消息隐藏到一定程度会诱发股价崩盘风险。所以，探究 CEO 组织认同与公司坏消息隐藏关系实质上等同于探究 CEO 组织认同与股价崩盘风险关系。首先，本章实证检验了 CEO 组织认同与公司坏消息隐藏的关系。其次，本章基于公司亏损视角探究了 CEO 组织认同与公司坏消息隐藏的关系。最后，本章基于公司亏损的不利困境，进一步基于融资需求和产品市场竞争视角研究了 CEO 组织认同与公司坏消息隐藏的关系。

第 7 章，主要结论与政策建议。本章全面总结了本书的主要研究结论，并围绕主要研究结论提出了基于 CEO 组织认同视角利于改善公司财务决策行为效果、提升公司财务决策行为效率的政策建议。此外，本章也分析了本书的研究局限，提出了未来研究展望。

1.4　研究方法

本书主要采用规范研究和实证研究的方法来探究基于代理理论与组织认同理论视角 CEO 组织认同与公司财务决策行为的关系。其中，实证研究不仅包括以往计量经济学分析，还包括对我国 A 股上市公司 CEO 进行组织认同的问卷调查方法。

首先，本书采用规范研究方法，重点阐述了本书的理论基础与文献综述、制度背景、实证部分理论分析和研究假设推导。在理论基础与文献综述部分，重点阐述了本书研究的理论基础——代理理论和组织认同理论，归纳总结了 CEO 组织认同相关研究、业绩薪酬敏感性影响因素研究、公司坏消息隐藏影响因素研究、企业创新影响因素研究。在制度背景部分，本书重点总结了以儒家文化为代表的中国传统文化与集体主义、中国特色社会主义思想与集体主义。在实证研究部分，本书采用规范研究的方法中演绎和归纳的方法进行相应主题研究的理论分析以及相关主题研究假设的推理。

其次，本书通过实证研究中问卷调查的研究方法，对我国 A 股上市公司 CEO 的组织认同进行了全面、充分、系统的问卷调研。该数据来源于课题组与中

国证监会 2014 年合作的对我国 A 股上市公司内部控制调研的问卷。为了获得
CEO 组织认同指标，课题组与中国证监会通力合作，历时一年多时间通过对组织
认同问卷设计、讨论、修改过程，然后通过证监会向各 A 股上市公司派发问卷到
数据回收和整理过程，最终得到我国 A 股上市公司 CEO 组织认同的数据，以此
为后续实证研究奠定了初步基础。

　　最后，本书采用实证研究的方法，基于代理理论与组织认同理论视角，分别
探究了 CEO 组织认同与高管薪酬业绩敏感性关系、CEO 组织认同与公司创新投
入、CEO 组织认同与公司坏消息隐藏的关系。另外，本书也分别采用了固定效应
模型、PSM 模型、Tobit 模型等实证研究方法对相关主题的实证研究进行了稳健
性检验，以保证本书研究结论的可靠性。

第 2 章　理论基础与文献综述

本书首先研究了 CEO 组织认同与高管薪酬业绩敏感性，以此佐证 CEO 组织认同能够激励 CEO 按照公司利益行事，进而做出利益公司价值最大化的决策行为。基于此，本章进一步分别探究了 CEO 组织认同对公司创新投入（长期利益决策行为）和公司坏消息隐藏（短期利益决策行为）的影响。本章的研究共涉及四大领域的文献：第一，CEO 组织认同相关研究；第二，薪酬业绩敏感性影响因素研究；第三，公司创新影响因素研究；第四，公司坏消息隐藏影响因素的研究。因此，本章将对以上四个领域文献进行综述，并进一步说明本章研究的重要意义。

2.1　理论基础

2.1.1　委托代理理论

现代公司所有权与控制权的分离，造成了管理者与股东之间的信息不对称，经理人可能会利用公司财务决策上的信息优势谋求自身利益的最大化，由此产生了管理者堑壕效应（Entrenchment Effect）。具体地，经理人会结合自身的利益利用自己的职权做出不利于公司价值最大化的决策行为。比如，管理者堑壕机制促使经理人规避公司负债（Zwiebel 等，1996；Berger 等，1997）、注重公司短期利益的投资项目（Nagarajan 等，1995），以此实现符合个人利益最大化的帝国构建（Empire Building）。由此可见，现代公司两权的分离产生了两者之间的委托代理成本，导致了管理者与股东之间的利益不一致，（Jensen 和 Meckling，1976）。

经验研究表明，薪酬契约能够降低管理者与股东之间的委托代理成本，促使管理者与公司利益的一致性（Jensen 和 Murphy，1990；Shleifer 和 Vishny，1990）。具体地，薪酬契约主要将经理人薪酬与公司业绩挂钩，促使经理人在任职期限内做出利益公司业绩最大化的决策行为。与此同时，伴随增长的公司业绩经理人则会获得按照公司业绩一定比例计算的业绩薪酬奖励。总体来看，薪酬契约设计初衷旨在促进管理者与公司利益一致，促使管理者做出利于公司价值最大化的公司财务决策行为。在传统代理理论中，公司一般采用薪酬契约激励 CEO 按照公司利益行事，降低 CEO 与股东之间的委托代理成本，激励 CEO 与公司利益一致，从而激励 CEO 做出利于公司价值最大化的决策行为。

2.1.2　组织认同理论

基于委托代理理论，薪酬契约能够降低管理者与股东之间的委托代理成本，促使管理者与公司利益的一致性（Jensen 和 Murphy，1990；Shleifer 和 Vishny，1997）。薪酬契约也会对经理人的公司财务决策行为带来负面的影响。薪酬契约是以业绩为基础的，经理人可能会采用盈余操纵的手段调增业绩以满足薪酬契约的要求，从而谋求个人利益的最大化（Dechow 和 Skinner，2000；Jensen 和 Murphy，2012）。薪酬契约本身可能就是一种代理问题，以致管理者利用薪酬契约来谋求控制权私有收益（Bebchuk 等，2002；Bebchuk 和 Fried，2003）。所以，在传统代理理论中薪酬契约激励 CEO 按照公司利益行事不一定有效。

基于此情境，管理学研究者意识到管理者亲社会偏好（Prosocial Preference）的行为动机在抑制管理者机会主义行为中起着重要的作用。也就是说，管理者对自己社会身份的认同会显著降低管理者与股东之间的代理成本（Tajfel，2010）。亲社会偏好，即社会身份认同，是指个体认识到他属于特定的社会群体，同时也意识到作为群体成员带给他的情感和价值意义。它存在的假定为：①人们会努力提升和维持其积极向上和自我尊重的自我概念（Self-concept）。②社会群体中成员身份能够提高或者降低个体的自我概念（Self-concept）。③社会群体中的成员会对比所在群体和其他群体诸如地位和声望等积极或者消极的特征。

社会身份认同的研究对组织产生了三个重要的影响（Ashforth 和 Mael，1989）。分别为：①组织中的员工会保持与组织社会身份一致的活动，注重于维持、拥护组织的社会身份（Mael 和 Ashforth，1992）；②社会身份认同通常影响群体的凝聚力、合作、利他主义和对群体的积极评价（Tajfel，2010），而且社会身份的认同会显著促进员工对组织的忠诚度、自豪感（Ashforth 和 Mael，1989）；③相比于员工组织认同感低的组织，员工组织认同感高的组织的价值观、理念和实践会更加独特、鲜明和积极。与此同时，较高的员工组织认同感会显著促进员工忠诚度提高和加强对组织及其文化的承诺。总体来看，社会身份认同理论拓展至组织层面，形成了组织认同理论。

因此，作为个体一种重要的心理因素，组织认同促使组织成员自我认同感与组织认同感趋于一致（Ashforth 和 Mael，1989；Dukerich 等，2002）。本质来看，组织认同，是一种以员工自我为中心的自我身份与组织之间的密切关系（宝贡敏和徐碧祥，2006）。这种关系主要以员工为主导对象，存在于组织之中，并表现出对组织认同的不同强度。比如，员工特别在乎公司的形象，尤其当外界批评公司行为时，员工感觉这种批评像在批评自己一样，这种员工就表现出对组织较强的认同感（Mael 和 Ashforth，1992）。具体地，在公司中，由于 CEO 是公司主要决策者，所以 CEO 组织认同能够显著降低 CEO 与股东之间的委托代理成本（Boivie 等，2011；Heinle 等，2012），激励 CEO 按照公司利益行事（Akerlof 和 Kranton，2000，2005，2008；Heinle 等，2012；汤晓建和林斌，2018），从而做出有利于公司价值最大化的公司财务决策行为。

2.2　CEO 组织认同相关研究

组织认同是指组织成员将自我身份（Self-identity）与组织身份重叠在一起（Ashforth 和 Mael，1989；Mael 和 Ashforth，1992；Davis 等，1997；Dukerich 等，2002；Boivie 等，2011），进而促使组织成员并按照企业利益行事（Akerlof 和 Kranton，2000，2005，2008；Heinle 等，2012；Abernethy 等，2017）。具体地，较高的组织认同感主要表现为以下特征（Mael 和 Ashforth，1992）：①当有人批评我的公司时，我感觉就像在批评自己一样。②我很想知道其他人是怎么看待我的公司的。③我经常用"我们"来描述我的公司的情况，而不是用"他们"。④我认为，我的公司的成功就是我的成功。⑤当有人赞扬我的公司时，我感觉这也是对我个人的赞扬。⑥假如我的公司因某事被媒体批评，我会感觉很尴尬。总体来看，组织认同是一种以员工自我为中心的自我身份与组织之间的密切关系（宝贡敏和徐碧祥，2006）。

相应地，员工组织认同对公司财务决策行为的影响受到了学术界广泛的关注与深入的研究（Ashforth 等，2008；He 和 Brown，2013；Lee 等，2015；Riketta，2005）。比如，员工组织认同能够影响员工职位轮换（Mael 和 Ashforth，1995；Van Dick 等，2004）、组织公民行为（Dukerich 等，2002；Van Dick 等，2006）、员工业绩（Efraty 和 Wolfe，1988；Van Knippenberg，2000）。然而，这些研究主要关注的是基层员工的组织认同，但较少关注作为公司关键决策者 CEO 组织认同的关注。事实上，CEO（Chief Executive Officer）在公司投资等公司财务决策上起到了至关重要的作用（Hambrick 和 Mason，1984；Hambrick，2007；Graham 等，2013），进而影响着公司财务决策的执行效率和效果。由此可见，相比于基层员工的组织认同，CEO 组织认同对公司财务决策行为的影响更大。

目前，CEO 组织认同衡量主要采用 Mael 和 Ashforth（1992）的问卷方法

（Wiesenfeld 等，1999；Tangirala 和 Ramanujam，2008；Hekman 等，2009；Boivie 等，2011；Lange 等，2015；汤晓建和林斌，2018）。相应地，与 CEO 组织认同相关代表性研究如下：

Akerlof 和 Kranton（2005）研究发现，当组织代理人将自己视为组织内部人时，他会为组织付出较大的努力水平以此最大化自己在组织中的认同效用。相反，当组织代理人将自己视为组织外部人时，如果需要促使他按照企业利益行事，他会要求组织为其提供更高的补偿薪酬。由此可见，经理人组织认同和薪酬契约存在一定的替代性。

Boivie 等（2011）探究了 CEO 组织认同对其与股东之间代理成本的影响。该代理成本主要基于诸如 CEO 的基本工资、额外津贴等显性的薪酬契约来测度。研究发现，CEO 组织认同能够有效抑制 CEO 通过损害公司利益谋求个人利益最大化的行为，即 CEO 组织认同能够显著降低 CEO 与股东之间的代理成本。进一步地，以往研究发现董事会独立性能够显著降低 CEO 与股东之间的代理成本。但是，当 CEO 组织认同较高时，董事会独立性对降低 CEO 与股东之间的代理成本的作用较小。由此可见，相比于制度化的约束机制（如董事会独立性），公司努力提升 CEO 的组织认同感对抑制其代理成本的作用更大。

Peterson 等（2012）探究了 CEO 组织认同对 CEO 自恋与仆人式领导力相关关系的影响。研究发现，CEO 组织认同能够缓和 CEO 的自恋从而增强 CEO 的仆人式领导力，进而能够促进企业业绩的提升。

Heinle 等（2012）探究了经理人组织认同对薪酬激励和业绩衡量相互关系的影响。研究发现，较高组织认同感的经理人会降低对短期价值创造的努力，即较高组织认同感的经理人短期内的薪酬业绩敏感性较弱，导致他们会更注重企业长期价值的创造。另外，当公司和组织认同感强的经理人签订契约时，公司更倾向给予他们确定的薪酬契约，如基于会计盈余角度的薪酬契约。当公司和组织认同感较弱的经理人签订契约时，公司更倾向给予他们基于股票价格的薪酬契约。由此可见，当经理人的任务多元化时，经理人组织认同对任务执行的效率和效果会产生显著的影响。

Lange 等（2015）探究了 CEO 组织认同的影响因素。研究发现，积极的公司新闻报道、良好的公司业绩、CEO 个人持股、薪酬业绩敏感性会显著增强 CEO 的组织认同感。另外，董事会独立性、机构投资者持股会显著削弱 CEO 的组织认同感。

　　Abernethy 等（2017）探究了 CFO 组织认同与显性薪酬契约相关的代理成本的关系。研究发现，业绩基础的薪酬契约助长了 CFO 的机会主义行为，从而产生严重的盈余操纵行为。另外，较强的 CFO 组织认同能够有效抑制业绩基础的 CFO 盈余操纵行为。由此，Boivie 等（2011）的研究进一步从显性薪酬契约的角度佐证了上述观点，即经理人的组织认同能够降低其与股东之间的代理成本。

　　汤晓建和林斌（2018）采用心理学中 Cross-level Polynomial Regressions 的方法探究了 CEO 组织认同、CFO 组织认同对公司内部控制质量的影响。研究发现，CEO、CFO 组织认同度会影响内部控制有效性，而且当 CEO、CFO 组织认同度异质时，相比于 CEO，CFO 组织认同度对内部控制制度的建设与健全作用更大。

　　综上所述，CEO 组织认同对 CEO 激励和约束机制存在互补性。尤其是 CEO 组织认同能够弥补薪酬契约对 CEO 激励的失效。比如，当业绩与薪酬挂钩时，CEO 很可能通过盈余操纵的手段提升公司业绩以促使个人补偿薪酬的最大化，从而导致薪酬契约对 CEO 激励失效。由此可见，CEO 的组织认同能够显著降低其与股东之间的委托代理成本，激励其按照公司利益行事。但是，现有研究缺乏从经验上系统论证 CEO 组织认同对公司财务决策行为的影响研究，本节的研究弥补了这一不足。

2.3　薪酬业绩敏感性影响因素研究

　　一般地，薪酬敏感性能够抑制经理人的短视行为（Myopic Behavior），激励经理人按照公司利益行事。Jensen 和 Murphy（1990）较早探究了美国公司薪酬业绩敏感性的状况。他们研究发现，美国公司业绩每增加 1000 美元，CEO 薪酬会相应增加 3.25 美元。尽管 CEO 薪酬对业绩敏感性水平较低，总体上反映了薪酬业绩敏感性能够促使 CEO 按照公司利益行事。同样地，基于中国经理人薪酬状况，Conyon 和 He（2011）研究发现，中国资本市场中存在与美国资本市场类似的薪酬业绩敏感性低水平状况，但总体上薪酬业绩敏感性对中国公司中 CEO 公司财务决策也存在同样的激励作用。美国公司高管薪酬水平高出中国公司高管薪酬水平 17 倍，所以薪酬业绩敏感性很大程度上能够促使 CEO 按照公司利益行事。总体来看，无论是美国还是中国，公司薪酬业绩敏感性整体都处于较低水平，薪酬业绩敏感性确实能够起到对经理人按照公司利益行事的激励作用。具体地，已有研究主要围绕以下四个方面来探讨高管薪酬业绩敏感性影响因素，分别为公司治理机制、公司特征、高管人员特征以及制度环境特征层面。

第一，公司治理机制对高管薪酬业绩敏感性的影响。与之相关的代表性研究如下：

基于控股股东特征视角。Wang 和 Xiao（2011）探究了控股股东隧道行为（Tunneling）对经理人薪酬的影响。研究发现，为了攫取私人利益，控股股东隧道行为会减少对经理人的激励动机，以致降低了高管的薪酬业绩敏感性。Cheng 等（2015）探究了家族企业所有权对经理人薪酬的影响。家族企业控股股东会显著增强经理人的薪酬业绩敏感性，而家族企业其他家族成员股权会削弱经理人的薪酬业绩敏感性。而且，后者的关系尤其体现在弱公司治理质量和其他家族成员具有超额控制权的家族企业中。

此外，Chen 等（2015）探究了中国的股权分置改革对经理人薪酬业绩敏感性的影响。研究发现，股权分置改革促使控股股东与中小股东利益一致，从而增强了经理人薪酬业绩敏感性。姜付秀等（2017）研究发现，控股家族成员不再担任公司董事长时，高管的薪酬业绩敏感性较低，以此存在高管与控股股东合谋的倾向。

基于股东性质视角。蔡贵龙等（2018）探究了非国有股股东持股对国企高管薪酬激励的影响。研究发现，非国有股股东持股对国企高管薪酬业绩敏感性并不存在显著的影响。如果非国有股东向国有企业委派高管能够显著提高国有企业高管薪酬业绩敏感性。另外，非国有股东持股对高管薪酬业绩敏感性的促进作用主要体现在竞争性国有企业和处于市场化程度较低的国有企业中。

基于股东对经理人薪酬表决权视角。Balsam 等（2016）探究了股东对经理人薪酬强制表决权对经理人薪酬业绩敏感性的影响。研究发现，当公司支付 CEO 较多绝对薪酬时，股东对经理人薪酬的强制表决权会显著降低经理人的薪酬补偿。而且，当经理人获得了较多的在职消费时，股东对经理人薪酬的强制表决权同样会显著降低经理人的薪酬补偿。总体来看，股东对经理人薪酬强制表决权会显著降低经理人的薪酬业绩敏感性。

基于内部控制视角。卢锐等（2011）探究了内部控制对高管薪酬业绩敏感性的影响。研究发现，内部控制质量能够显著提升公司高管薪酬业绩敏感性。相比于非国有企业，内部控制质量的提高更能显著增强国有企业高管薪酬业绩敏感性。此外，Chen 等（2015）研究发现，在"萨班斯—奥克斯利法案"（SOX 法案），美国公司高管薪酬业绩敏感性得到显著提升。

基于独立董事视角。罗进辉（2014）探究了独立董事的社会声誉对公司薪酬业绩敏感性的影响。研究发现，聘请社会声誉较好的独立董事能够显著降低公司高管薪酬业绩敏感性，这种关系尤其体现在薪酬政策不受政府管制的民营企业中。

基于公司治理结构。Core 等（1999）研究发现，弱的公司治理机制会强化薪酬契约本身的代理问题，显著降低了高管的薪酬业绩敏感性。

基于机构投资者视角。张敏和姜付秀（2010）探究了机构投资者对公司高管薪酬业绩敏感性的影响。研究发现，相比于国有企业，机构投资者持股显著提高了民营企业的薪酬业绩敏感性。

基于分析师跟踪视角。Chen 等（2015）探究了分析师跟踪对高管薪酬业绩敏感性的影响。研究发现，相比于较多分析师跟踪的公司，在较少分析师跟踪的公司中，CEO 更可能进行盈余操纵行为来获得更多的超额薪酬补偿，以此降低了薪酬业绩的敏感性。

第二，公司特征对高管薪酬业绩敏感性的影响。与之相关的代表性研究如下。

基于公司规模视角。Cichello（2005）探究了公司规模对高管业绩薪酬敏感性的关系。研究发现，较大的公司规模会削弱高管薪酬业绩敏感性。

基于上市视角。Ke 等（1999）、Gao 和 Li（2015）探究了公众公司和私有公司之间薪酬业绩敏感性的差异。研究发现，公众公司中存在较强的高管薪酬业绩敏感性，而私有公司则存在较弱的高管薪酬业绩敏感性。

第三，高管人员特征对高管薪酬业绩敏感性的影响。与之相关的代表性研究如下：

基于 CEO 风险偏好视角。Mishra 等（2000）研究发现，相比于较低经营风险的公司，在较高经营风险的公司中，公司未来业绩不确定性越大，CEO 风险规避越能够显著降低薪酬业绩敏感性。

基于高管年龄。李四海等（2015）研究发现，高管年龄显著降低了高管薪酬业绩敏感性，尤其显著降低了业绩下降时高管薪酬业绩敏感性。

第四，制度环境特征对高管薪酬业绩敏感性的影响。与之相关的代表性研究如下：

基于制度环境差异视角。Ke 等（2012）比较了中国三种国有企业，即在内地注册和上市的 A 股国有控股公司、在内地注册但在香港上市的 H 股国有控股公司、在境外注册但在香港上市的红筹（Red Chip Shares）股国有控股公司之间薪酬业绩敏感性差异。研究发现，这三种国有企业薪酬业绩薪酬敏感性并不存在显著差异。但是，现金薪酬业绩敏感性和经理人长期激励水平在红筹股公司中更高。

基于财务报告环境视角。Ke 等（2016）探究了中国国际财务报告准则趋同对高管薪酬业绩敏感性的影响。研究发现，在准则趋同前，中央政府控制的公司存在较高的薪酬业绩敏感性。在准则趋同后，上市公司高管薪酬业绩敏感性呈现下降趋势，而且这种趋势尤其体现在中央政府控制的国有企业中。在准则趋同前，地方政府控制的国有企业并不存在显著的薪酬业绩敏感性。由此表明，中国国际财务报告准则趋同降低了财务报告的管理有用性（Stewardship Usefulness）。

综上所述，以往研究主要关注从公司治理机制、公司特征、高管人员特征以及制度环境特征视角探究它们对高管薪酬业绩敏感性的影响，而缺乏从组织认同视角探究 CEO 组织认同对高管薪酬业绩敏感性的影响。所以，本节重点考察了 CEO 组织认同对高管薪酬业绩敏感性的影响，丰富了薪酬业绩敏感性影响的研究。

2.4　公司创新影响因素研究

企业创新不仅促使企业获得所在行业的竞争优势，而且在很大程度上能够促进一国经济的增长（Solow，1957）。目前，已有研究主要围绕以下四个方面来探讨企业创新的影响因素，分别为高管人员特征、公司治理、宏观政策和文化特征。

第一，高管人员特征对企业创新的影响。与之相关的代表性研究如下：

基于 CEO 人口统计学特征。Barker 和 Mueller（2002）探究了 CEO 人口统计学特征与企业创新投入的关系。研究发现，更年轻且拥有市场营销、工程及研发投入背景的，以及拥有高等科学学位的 CEO 能够显著增加企业创新投入。Lin 等（2011）探究了 CEO 个人特征对企业创新的影响。研究发现，CEO 教育水平、专业背景和政治联系显著促进了企业创新投入的增加。张兆国等（2014）探究了晋升激励下管理者任期与企业创新投入的关系。管理者既有任期与企业创新投入存在倒 "U" 型关系。管理者预期任期显著促进了企业创新投入的增加。另外，晋升激励正向调节了管理者既有任期对企业创新投入的影响，而且这种调节关系尤其体现在非国有企业中。晋升激励对管理者预期任期与企业创新投入的关系未起到调节作用，但在非国有企业中晋升激励对管理者预期任期与企业创新投入关系存在负向调节作用。

基于 CEO 过度自信。Hirshleifer 等（2012）探究了 CEO 过度自信对企业创新投入的影响。研究发现，过度自信的 CEO 促进了企业创新投入的增加，进而获得了更多的专利和专利引用。

基于 CEO 风险偏好。Sunder 等（2017）用飞行员经历来衡量 CEO 的风险偏好，以此探究 CEO 风险偏好与企业创新的关系。研究发现，CEO 风险偏好显著促进了企业创新，进而显著增加了企业创新产出（专利和专利引用），提高了企业创新效率。

基于经理人海外经历。Yuan 和 Wen（2018）探究了经理人海外经历对企业创新的影响。研究发现，相比于拥有海外经历的中层经理人员，拥有海外经历的高层经理人员更能显著影响企业创新。这种经历主要体现在海外学习经历和海外工作经历。另外，相比于国有企业，民营企业中拥有海外经历的经理人更有动机促进企业创新。相比于拥有除美国外海外经历的经理人，拥有在美国的海外经历的经理人更有动机促进企业创新。

基于 CEO 个人能力。赵子夜等（2018）探究了 CEO 个人能力对企业创新的影响。研究发现，通才型 CEO 显著增加了企业创新投入、专利申请和专利引用，而且这种关系尤其体现在公司业务的地理和行业跨界度提升时的情况下。姚立杰和周颖（2018）研究后发现，管理层能力显著促进了企业创新水平的提高和企业创新效率的提升。

基于 CEO 个人身份。虞义华等（2018）探究了高管的发明家身份对企业创新的影响。研究发现，发明家高管显著增加了企业创新投入、创新产出，并且提高了企业创新效率。而且这种关系尤其体现在高科技、国有控股、大规模、成熟型和所处制度环境较差区域的企业中。

第二，公司治理对企业创新的影响。与之相关的代表性研究如下：

基于 CEO 薪酬激励计划。Lin 等（2011）探究了 CEO 薪酬计划对企业创新的影响。研究发现，CEO 薪酬计划显著增进了企业创新投入、提高了企业创新绩效。Manso（2011）研究发现，最优的经理人薪酬激励契约因容忍经理人前期的创新失败并奖励长期创新的成功。与此同时，公司给予经理人长期薪酬契约、职业保障和及时的业绩反馈有助于促进经理人增加企业创新投入。另外，激励经理人创新的薪酬契约应考虑较长的经理人行权期限、期权重新定价、公司的金降落伞计划和经理人堑壕效应。Baranchuk 等（2014）研究发现，当经理人期权行权期限越长和公司存在敌意收购保护条款时，经理人更有动机促进企业创新投入的增加。Chang 等（2015）探究了员工持股计划对企业创新的影响。研究发现，员工持股计划显著促进了企业创新。田轩和孟清扬（2018）研究发现，股权激励计划显著促进了企业创新投入的增加和企业创新效率的提升。

基于分析师跟踪。Barth 等（2001）、徐欣和唐清泉（2010）探究了分析师跟踪与企业创新投入的关系。研究发现，分析师跟踪显著促进了企业创新投入的增加。以此表明财务分析师通过向投资者发布专业的研究报告、业绩预测和股票购买意见，能够有效降低 CEO 与投资者之间有关企业创新项目的信息不对称程度，抑制了 CEO 的短视行为，从而能够有力地促进企业创新投入。但是，He 和 Tian（2013）金融分析师给 CEO 强加了短期的市场压力，加剧了 CEO 的短视行为，从而抑制了企业创新投入。

基于机构投资者持股。Aghion 等（2013）探究了机构投资者持股与企业创新投入的关系。研究发现，机构投资者能够起到监督经理人行为的作用，促使经理人增加企业创新投入。

基于股权结构。唐跃军和左晶晶（2014）探究了所有权性质、控股股东对企业创新的影响。研究发现，相比于国有企业，民营企业控股股东更愿意增加企业创新投入。另外，家族控股的股东制衡机制显著提高了企业创新投入，而政府控股的股东制衡机制显著降低了企业创新投入。李文贵和余明桂（2015）探究了民营企业股权结构与企业创新的关系。研究发现，在民营企业中，非国有股权比例、个人持股比例和法人持股比例能够显著促进企业创新。

基于董事会独立性。Balsmeier 等（2017）、Sena 等（2018）探究了独立董事比例对企业创新的影响。研究发现，独立董事占比显著提高了企业创新投入，增加了企业专利和专利引用力度。

基于政府创新补助。郭玥（2018）探究了政府创新补助对企业创新投入的影响。研究发现，政府的创新补助显著增加了企业创新投入和创新产出，而非政府创新补助对企业创新投入和创新产出并未产生显著影响。另外，这种关系尤其体现在民营企业、处在成长期和高管具有研发背景的公司。

基于反腐败。党力等（2015）探究了反腐败与企业创新的关系。研究发现，反腐败显著促进了企业的创新激励，从而增加了企业创新投入。具体地，对于国有企业，反腐败只能促进具有从政经历的高管对企业创新投入的正向影响。对于非国有企业，反腐败对企业创新投入存在普遍的正向影响。

基于专利侵权诉讼。潘越等（2017）探究了专利侵权诉讼对企业创新的影响。研究发现，专利侵权诉讼对原告和被告双方的创新存在一定的激励作用。另外，专利侵权诉讼对作为原告的行业领导者企业创新政策具有促进作用，而对作为原告的行业追随者企业创新政策具有抑制作用。

第三，宏观政策对企业创新的影响。与之相关的代表性研究如下：

基于金融市场发展。解维敏和方红星（2011）探究了地区金融发展与企业创新的关系。研究发现，地区金融发展显著促进了企业创新投入的增加。而且这种关系尤其体现在小规模和私有控制的企业。此外，政府干预会显著弱化地区金融发展对企业创新投入的正向影响。Hsu 等（2014）探究了金融市场发展对科技创新的影响。研究发现，在更发达的权益市场上，更依赖外部融资和更高科技密集度的公司企业创新水平更高。但是，信贷市场的发展阻碍了企业创新水平的提高。

基于产业政策。谭劲松等（2017）探究了产业政策对企业创新投入的影响。研究发现，产业政策显著促进了企业创新投入的增加，而且政府扶持力度显著强化了产业政策对企业创新投入的正向影响。

基于货币政策和财政政策。研究发现，货币紧缩促使企业创新投入更依赖内部资金。另外，财政补贴政策能显著提高企业创新投入的增加。

第四，文化特征对企业创新的影响。与之相关的代表性研究如下：

基于文化多样性。潘越等（2017）探究了地域文化多样性对企业创新的影响。研究发现，所处文化多样性区域的民营高科技企业显著促进了企业创新产出。而且，这种关系尤其体现在所处城市不同方言之间差异性越大、人口流入较多、包容性更强和知识产权保护水平区域的公司中。

综上所述，高管人员特征、公司治理、宏观政策和文化特征显著影响着公司创新投入。但是，已有研究缺乏从组织认同角度去探究 CEO 组织认同对公司创新投入的影响。事实上，CEO 组织认同能够促使 CEO 按照公司利益行事。在较高 CEO 组织认同感的实验环境下，CEO 更可能克服自身的短视行为而为了企业长期的利益行事。所以，本节对 CEO 组织认同与公司创新投入关系研究补充了企业创新影响因素的研究。

2.5　公司坏消息隐藏影响因素研究

由于经理人的"自利性"和"过度自信"等个人因素的影响，经理人比较倾向隐藏公司层面的坏消息（Graham 等，2005；张俊生等，2017）。当公司坏消息被隐藏到一定阈值时，投资者会感知到被 CEO 隐藏的坏消息（Kothari 等，2009）。而且，公司层面的坏消息被囤积的越多，公司财务信息就越不透明（Jin 和 Myers，2006；Hutton 等，2009）。此时，由于公司坏消息的积聚效应，它会产生股价的负偏态性，加剧公司与投资者之间的信息不对称程度，一旦向投资者释放，会致使投资者大量抛售公司股价，诱发股票价格的暴跌，从而加剧公司股价崩盘风险（Hutton 等，2009；Kim 等，2011a；Piotroski 等，2015；张俊生等，2017）。

由此可见，经理人公司层面坏消息隐藏容易增加公司未来股价崩盘的风险，也就是说，公司坏消息隐藏是诱发股价崩盘风险的充分条件。所以，探究公司坏消息隐藏行为影响因素实质上等同于探究公司股价崩盘风险影响因素。具体地，已有研究主要围绕以下四个方面来探讨公司股价崩盘风险的影响因素，分别为：会计信息、高管人员特征、公司治理机制以及制度环境层面。

第一，会计信息对股价崩盘风险的影响。与之相关的代表性研究如下：

Jin 和 Myers（2006）研究发现，财务透明度与 R^2 存在显著的正相关关系，由此表明，财务不透明的公司更可能加剧公司未来股价崩盘的风险。

Hutton 等（2009）实证检验了财务报表透明度和股票收益分布的关系。研究发现，公司财务不透明与 R^2 存在显著的正相关关系，表明存在更少相关的公司层面信息。同时，财务不透明的公司更容易导致股价崩盘，验证了 Jin 和 Myers（2006）的观点。但是这些关系随着 SOX 法案的出台而逐渐减弱，表明在新的监管环境下盈余管理减少或者公司可能隐藏更少的信息。

Kim 和 Zhang（2014）实证检验了公司财务透明度和事前（可察觉）股价崩盘风险关系。研究发现，财务报告越不透明，更容易导致股价崩盘风险。

DeFond 等（2014）实证检验了 IFRS 采纳是否影响公司层面的股价崩盘风险。研究发现，IFRS 采纳降低了非金融类公司的股价崩盘风险，尤其在较差的信息披露环境、IFRS 采纳引起当地公认会计准则更大和更可信变化的国家的公司。相反，IFRS 采纳并不影响金融类公司的股价崩盘风险。但是，它可以降低较少受 IFRS 公允价值条款影响公司的股价崩盘风险，增加了弱银行监管国家银行的股价崩盘风险。

Kim 等（2016）实证检验了财务报表可比性对事前股价崩盘风险的影响。基于 De Franco 等（2011）财务报表可比性的衡量方法，研究发现，预期的股价崩盘风险随着财务报表可比性的增加而下降。这个关系尤其体现在经理更倾向隐瞒公司坏消息的信息环境中。此外，财务报表的可比性能够缓解市场坏消息对好消息信息披露不对称的市场反应。

Chen 等（2017）实证检验了盈余平滑与股价崩盘风险的关系，以此去评估盈余平滑对权益价值下行风险的影响。研究发现，较高的盈余平滑程度加剧了股价崩盘的风险，而且这种关系尤其体现在更少分析师跟踪预测、更低的机构投资者持股和较高正向应计的公司中。

第二，高管人员特征对股价崩盘风险的影响。与之相关的代表性研究如下：

基于 CEO、CFO 性别。李小荣和刘行（2012）探究了 CEO、CFO 性别与公司股价崩盘风险的关系。研究发现，女性 CEO、女性 CFO 权力越大以及女性 CEO 年龄越大越能降低公司股价崩盘风险。另外，由于 CFO 服从于 CEO，进而 CFO 性别对公司股价崩盘风险影响并不显著。

基于 CEO 过度自信。Kim 等（2016）实证检验了 CEO 过度自信和股价崩盘风险的关系。过度自信的 CEO 会高估投资项目的收益和错判负净现值（NPV）的项目能够创造价值。此外，他们也倾向忽略或者辩解个人可预见的负面反馈。负净现值（NPV）的项目保留太长时间，以此积聚了糟糕的业绩，这很可能会导致股价崩盘。研究发现，相比于非过度自信的 CEO，过度自信的 CEO 更可能加剧股价崩盘的风险。当 CEO 在高管团队中具有更多的决定权和投资者意见分歧较大时，这种关系更加显著。这种关系似乎很少体现在采用更稳健会计政策的公司中。

基于经理人地位。蒋德权等（2018）探究了财务总监在高管中的地位与公司股价崩盘风险关系。研究发现，财务总监地位越高，公司股价崩盘风险就越低。随着财务总监地位的下降，公司股价崩盘风险显著增加。

第三，公司治理机制对股价崩盘风险的影响。与之相关的代表性研究如下：

基于公司税收规避。Kim 等（2011a）研究发现，公司税收规避会加剧公司的股价崩盘风险。这个发现与以下观点是一致的：随着机会主义行为的税收规避促使了管理者寻租和坏消息囤积。当隐藏的坏消息积聚到一定时点时，税收规避会导致股价崩盘。同时，这种关系会在外部治理机制较强的公司中被削弱。例如，这种被削弱的关系更能体现在机构投资者持股较高、分析师跟踪人数较多和面临来自控制权市场较大接管威胁的公司中。

基于期权激励。Kim 等（2011b）认为 CFO 期权组合价值对股价的敏感性与公司未来的股价崩盘风险显著正相关。这种关系尤其体现在缺乏竞争行业和具有较高财务杠杆水平的公司中。相反，这种关系在 CEO 中体现的并不明显。

基于机构投资者持股。An 和 Zhang（2013）研究发现，专注的长期机构投资者持股会降低公司的股价同步性和崩盘风险，因为大股份控股和长期的投资视野促使它们有更强的动机监管企业。相反，短期的机构投资者会增加公司的股价同步性和崩盘风险。它们的目的是交易公司股票而不是监管企业。

基于在职消费。为了谋求在职消费，国有企业高管有动机去隐瞒期间的坏消息，以此导致了较高的股价崩盘风险。研究发现，高管的在职消费加剧了股价崩盘风险。但是，更好的外部治理机制缓和了这种关系。进一步发现，这种关系尤其体现在高管临近退休和入职至少两年的公司中。

基于内部控制。叶康涛等（2015）探究了内部控制信息披露与公司股价崩盘风险的关系。研究发现，内部控制信息披露能够显著降低公司股价崩盘的风险。这种关系尤其体现在信息不对称程度高和盈利能力差的公司。

基于股权结构。王化成等（2015）探究了大股东持股比例与公司股价崩盘风险的关系。研究发现，大股东持股比例的提升显著降低了公司未来股价崩盘的风险，以此支持了大股东对股价崩盘风险的"监督效应"。

基于企业社会责任。权小锋等（2015）探究了企业社会责任与公司股价崩盘风险的关系。研究发现，企业社会责任加剧了公司股价崩盘风险，以此证实了企业社会责任的崩盘效应。而且这种关系尤其体现在强制社会责任信息披露和社会责任信息披露未进行第三方信息认证的公司中。

基于董事和经理人 D&O 保险（董事和经理保险）。Yuan 等（2016）实证检验了 D&O 保险对股价崩盘风险的影响。研究发现，D&O 保险降低了公司层面的股价崩盘风险。这种关系尤其体现在董事会独立性较低、非"四大"审计、机构投资者持股较低和弱投资者保护的公司中。并且，这两种关系并不受"眼球效应"（Eyeball Effect）的影响。同时，D&O 保险购买与更少的公司财务重述和更多的企业社会责任报告信息披露相关。由此表明，D&O 保险改善了公司治理。

基于会计稳健性。Kim 和 Zhang（2016）研究发现，条件稳健性降低了未来股价的崩盘风险。这种关系尤其体现在具有更高信息不对称程度的公司中。

基于预防性监管。张俊生等（2017）从预防性监管角度探究了交易所年报问询函对公司股价崩盘风险的影响。研究发现，交易所年报问询函显著降低了公司股价崩盘的风险，而且这种关系尤其体现在信息透明度较低的公司中。

基于投资者信息阅读能力。丁慧等（2018）探究了基于社交平台"上证 e 互动"投资者信息能力对公司股价崩盘风险的影响。研究发现，社交平台上投资者信息能力的提高有助于降低公司股价崩盘风险。

第四，制度环境对股价崩盘风险的影响。与之相关的代表性研究如下：

基于社会信任环境。Li 等（2017）探究了社会信任对公司股价崩盘风险的影响。研究发现，社会信任水平的提升有助于降低公司股价崩盘风险。而且这种关系尤其体现在国有控股、弱监管、高风险承担的公司中。

综上所述，会计信息、高管人员特征、公司治理机制和制度环境显著影响着公司坏消息的隐藏行为，从而进一步影响公司股价崩盘风险。但是，已有研究缺乏从组织认同角度去探究 CEO 组织认同对公司坏消息隐藏的影响。事实上，CEO 组织认同能够促使 CEO 按照公司利益行事。在较高 CEO 组织认同的实验环境下，CEO 可能为了企业短期的利益（如公司亏损）而隐藏公司层面的坏消息，从而在很大程度上会诱发公司股价崩盘风险。所以，本节对 CEO 组织认同与公司坏消息隐藏关系的探究丰富了公司坏消息隐藏影响因素的研究。

第3章 我国上市公司CEO组织认同现状分析

3.1 CEO组织认同测度

CEO组织认同主要采用Mael和Ashforth（1992）的量表方法进行测度。该量表已在学术研究中被广泛采用（Wiesenfeld等，1999；Tangirala和Ramanujam，2008；Hekman等，2009；Boivie等，2011；Lange等，2015；汤晓建和林斌，2018），并且采用该量表测度的CEO组织认同相关研究已经发表在诸如Academy of Management Journal、Strategic Management Journal等管理学领域权威期刊上。如表3-1所示，其为组织认同量表。若CEO填写表3-1，取值范围为1~5，1表示完全不符合、2表示部分符合、3表示一般、4表示符合、5表示完全符合；否则为缺失值。然后，对应加总每一位CEO的组织认同度测度得分取平均值，分值越高，其组织认同度就越高。其数值越大，CEO所对应的组织认同感就越强。

表 3-1　组织认同量表

我认为以下陈述	完全不符合	部分符合	一般	符合	完全符合
当有人批评我的公司时，我感觉就像在批评自己一样					
我很想知道其他人是怎么看待我的公司的					
我经常用"我们……"来描述我的公司的情况，而不是用"他们……"					
我认为，我的公司的成功就是我的成功					
当有人赞扬我的公司时，我感觉这也是对我个人的赞扬					
假如我的公司因某事被媒体批评，我会感觉很尴尬					

注：请根据您所在公司和您个人的实际情况，在相应的空格画"√"。

本章的 CEO 组织认同数据来自证监会中国上市公司内部控制问卷调查数据库。有关证监会中国上市公司内部控制问卷调查数据库介绍如下。

为了做好上市公司内部控制调研工作，证监会上市部牵头组建了证监会上市公司内控调研工作组，由证监会会计部、中国上市公司协会、上海证券交易所、深圳证券交易所、内控专业咨询机构深圳迪博公司和中山大学内部控制研究中心等成员单位组成。证监会上市公司内控工作组综合定性和定量、典型案例研究和大样本研究的方法，组织召开座谈会，向上市公司、会计师事务所和机构投资者发放问卷调查，深入公司现场实地访谈。

在证监会上市部的组织下，经过长达一年的准备，通过多次反复修改和论证，内控调研工作组设计了一整套内部控制调查问卷。内控调研工作组于 2014 年 9 月 5 日通过上海证券交易所、深圳证券交易所、证监会会计部、中国证券投资基金业协会，分别向 A 股上市公司、具有证券期货执业资格的会计师事务所、机构投资者发放调查问卷。2014 年 10 月 10 日，内控调研工作组召开调查问卷研讨会，分析问卷回收情况，落实调查问卷工作。截至 2014 年 10 月 31 日，共回收 2274 套调查问卷（12730 份），总体回收率为 80.61%。

综上所述，根据证监会中国上市公司内部控制问卷调查数据库中"CEO 组织认同"数据，我们按以下数据选取规则：①剔除不是 CEO 填制的样本；②剔除 CEO 选项填制不全或者未填制的样本。最终我们得到 1859 个 CEO 组织认同有效数据。对此，我们进行了 CEO 组织认同 6 个子项目数值的信度分析，我们得出 CEO 组织认同信度系数 Cronbachα 值为 0.8752，表明我们所测度的 CEO 组织认同是可信的。此外，我们又测度了 CEO 组织认同各子项目之间效标关联效度，各子项目相关系数最小值为 0.4503，最大值为 0.7494，其相关系数取值在 0.4～0.8，表明 CEO 我们所测度的 CEO 组织认同是有效的。所以，经过信度和效度检验，本文所使用的 CEO 组织认同数据是准确可靠的。

3.2 我国上市公司 CEO 组织认同现状分析

3.2.1 全样本描述性统计分析

表 3-2 为全样本 CEO 组织认同描述性统计结果。其中，CEO 组织认同均值为 4.266，中位数为 4.333。总体来看，我国上市公司 CEO 组织认同感较强烈。

表 3-2 全样本 CEO 组织认同描述性统计结果

变量	N	Mean	Median	Std. Dev.	min	max
CEO_OI	1859	4.266	4.333	0.635	1.000	5.000

3.3.2 按产权性质分类描述性统计分析

表 3-3 为按产权性质分类 CEO 组织认同描述性统计结果。其中，非国有控股公司 CEO 组织认同均值为 4.270，而国有控股公司 CEO 组织认同均值为 4.260。由此表明，相比于国有企业 CEO 组织认同，我国非国有企业 CEO 组织认同感更强烈。

表 3-3　按产权性质分类 CEO 组织认同描述性统计结果

产权性质	N	Mean	Median	Std. Dev.	min	max
非国有控股公司	1176	4.270	4.333	0.637	1.000	5.000
国有控股公司	683	4.260	4.333	0.631	1.000	5.000

3.3.3　按上市板块分类描述性统计分析

表 3-4 为按上市板块分类 CEO 组织认同描述性统计结果。其中,主板上市公司 CEO 组织认同均值为 4.260,中小板上市公司 CEO 组织认同均值为 4.233,创业板上市公司 CEO 组织认同均值为 4.360。由此表明,我国创业板上市公司 CEO 组织认同感最强烈,而中小板上市公司 CEO 组织认同感较弱。

表 3-4　按上市板块分类 CEO 组织认同描述性统计结果

板块	N	Mean	Median	Std. Dev.	min	max
主板	952	4.260	4.250	0.623	1.000	5.000
中小板	622	4.233	4.167	0.661	1.000	5.000
创业板	285	4.360	4.500	0.610	1.000	5.000

3.3.4　按行业分类描述性统计分析

表 3-5 为按行业分类 CEO 组织认同描述性统计结果。其中,废弃资源综合利用业上市公司 CEO 组织认同均值为 5.000,卫生和社会工作上市公司 CEO 组织认同均值为 4.667,住宿和餐饮业上市公司 CEO 组织认同均值为 4.646,科学研究和技术服务业上市公司 CEO 组织认同均值为 4.567,其他制造业上市公司 CEO 组织认同均值为 4.564。由此,这些行业公司为 CEO 组织认同感排名前五位的行业公司。

表 3-5　按行业分类 CEO 组织认同描述性统计结果

行业	N	Mean	Median	Std. Dev.	min	max
农、林、牧、渔业	35	4.357	4.500	0.743	1.500	5.000
采矿业	49	4.286	4.500	0.754	1.667	5.000
制造业						
农副食品加工业	31	4.263	4.333	0.564	3.000	5.000
食品制造业	16	4.448	4.500	0.462	3.833	5.000
酒、饮料和精制茶制造业	24	4.229	4.000	0.780	2.000	5.000
纺织业	32	4.354	4.500	0.730	2.000	5.000
纺织服装、服饰业	26	4.385	4.417	0.535	3.000	5.000
皮革、毛皮、羽毛及其制品和制鞋业	6	3.556	3.833	0.873	2.000	4.500
木材加工和木、竹、藤、棕、草制品业	7	4.476	4.333	0.504	4.000	5.000
家具制造业	5	4.367	4.500	0.532	3.667	5.000
造纸和纸制品业	22	3.932	4.000	0.595	2.833	5.000
印刷和记录媒介复制业	7	4.310	4.000	0.710	3.167	5.000
文教、工美、体育和娱乐用品制造业	9	4.204	4.333	0.617	3.000	5.000
石油加工、炼焦和核燃料加工业	11	4.167	4.000	0.628	3.000	5.000
化学原料和化学制品制造业	131	4.285	4.333	0.591	2.167	5.000
医药制造业	104	4.306	4.333	0.618	1.000	5.000
化学纤维制造业	14	4.476	4.583	0.526	3.333	5.000
橡胶和塑料制品业	38	4.114	4.000	0.543	2.833	5.000
非金属矿物制品业	60	4.172	4.083	0.560	2.833	5.000
黑色金属冶炼和压延加工业	19	4.333	4.000	0.609	3.333	5.000
有色金属冶炼和压延加工业	41	4.248	4.000	0.765	1.000	5.000
金属制品业	31	4.199	4.000	0.597	2.667	5.000
通用设备制造业	80	4.235	4.083	0.531	2.000	5.000
专用设备制造业	105	4.325	4.333	0.631	2.000	5.000
汽车制造业	59	4.175	4.333	0.709	1.167	5.000
铁路、船舶、航空航天和其他运输设备制造业	19	4.351	4.500	0.580	3.000	5.000
电气机械和器材制造业	119	4.223	4.167	0.726	1.500	5.000
计算机、通信和其他电子设备制造业	151	4.235	4.167	0.648	1.000	5.000
仪器仪表制造业	20	4.325	4.333	0.589	3.167	5.000
其他制造业	13	4.564	4.833	0.493	3.500	5.000

续表

行业	N	Mean	Median	Std. Dev.	min	max
废弃资源综合利用业	1	5.000	5.000	—	5.000	5.000
制造业合计	1201	4.257	4.167	0.632	1.000	5.000
电力、热力、燃气及水生产和供应业	58	4.161	4.083	0.600	2.000	5.000
建筑业	51	4.242	4.167	0.504	3.000	5.000
批发和零售业	104	4.189	4.167	0.712	1.500	5.000
交通运输、仓储和邮政业	56	4.348	4.333	0.496	3.333	5.000
住宿和餐饮业	8	4.646	4.833	0.440	4.000	5.000
信息传输、软件和信息技术服务业	90	4.259	4.333	0.750	2.000	5.000
金融业	31	4.296	4.167	0.549	3.167	5.000
房地产业	93	4.337	4.333	0.573	2.000	5.000
租赁和商务服务业	19	4.465	4.500	0.422	3.833	5.000
科学研究和技术服务业	10	4.567	4.750	0.479	3.833	5.000
水利、环境和公共设施管理业	20	4.417	4.833	0.840	2.000	5.000
卫生和社会工作	3	4.667	5.000	0.577	4.000	5.000
文化、体育和娱乐业	16	4.156	4.250	0.634	3.000	5.000
综合	15	4.167	4.000	0.362	3.500	5.000

电力、热力、燃气及水生产和供应业上市公司 CEO 组织认同均值为 4.161，文化、体育和娱乐业上市公司 CEO 组织认同均值为 4.156，橡胶和塑料制品业上市公司 CEO 组织认同均值为 4.114，造纸和纸制品业上市公司 CEO 组织认同均值为 3.932，皮革、毛皮、羽毛及其制品和制鞋业上市公司 CEO 组织认同均值为 3.556。这些行业公司为 CEO 组织认同感排名后五位的行业公司。

综上所述，我们可以发现，我国上市公司 CEO 组织认同感较强烈。具体地，我国上市公司 CEO 组织认同感会因产权性质、上市板块、所在行业因素而存在差异。

第 4 章　CEO 组织认同与高管薪酬业绩敏感性

4.1　引言

现代公司所有权与控制权分离，导致了管理者与股东之间信息不对称，增加了两者之间的委托代理成本，进而产生了管理者与公司利益的不一致性，（Jensen 和 Meckling，1976）。然而，经验研究表明，薪酬契约能够降低管理者与股东之间的委托代理成本，有效促进管理者和公司的利益一致性（Healy，1985）。具体地，最优契约理论认为，薪酬契约能够通过提高薪酬业绩的敏感性，以此降低管理层与股东之间的代理成本，从而促使管理层与公司利益一致，并按照公司利益行事（Jensen 和 Murphy，1990）。但是，薪酬契约对保证管理者和公司之间的利益一致性可能会失效。管理层权力理论认为，薪酬契约在一定程度上能够降低管理层与公司之间的代理成本，但是，薪酬契约本身可能就是一种代理问题。具体地，管理层权力影响董事会关于高管团队薪酬的制定，以致促使管理层在薪酬契约中谋求控制权私有收益（Bebchuk 等，2002；Bebchuk 和 Fried，2003）。尤其是 CEO 在很大程度上可能会通过盈余操纵的机会主义手段粉饰公司的财务业绩以满足薪酬合同的要求获取自身短期利益的最大化（Dechow 和 Skinner，2000；Jensen 和 Murphy，2012）。由此表明，薪酬契约可能会助长管理者的机会主义行为，增加了管理者与股东之间的代理成本，促使管理者做出违背公司利益的决策行为。所以，如果面对薪酬契约促使管理者按照公司利益行事失效，CEO 组织认同能否作为薪酬契约的一种互补机制促使 CEO 与公司利益一致呢？

基于心理学的视角，CEO 组织认同能够有效促进 CEO 与公司利益的一致。一方面，基于组织认同内涵角度，组织认同能够让 CEO 通过接受企业的使命、愿景与目标方式认同自己在企业中的角色（Davis 等，1997）。此时，如果有人批评他所在的公司，CEO 可能会觉得批评公司就等于在批评自己（Mael 和 Ashforth，1992）。也就是说，CEO 将自我完全融入企业中，以此与企业共"荣辱"。另一方面，基于委托代理成本视角，在委托代理成本模型中，嵌入组织认同因素能够降低 CEO 与公司之间的委托代理成本（Boivie 等，2011；Heinle 等，2012），促使组织认同度高的 CEO 与公司目标保持一致，并按照公司利益行事（Akerlof 和 Kranton，2000，2005，2008；Heinle 等，2012）。所以，CEO 组织认同越高，CEO 与公司利益绑定程度越高，越可能按照企业利益行事，以此做出有利于公司价值最大化的公司财务决策。

薪酬业绩敏感性反映了 CEO 与公司利益一致性的程度（Jensen 和 Murphy，1990；Core 等，1999；Conyon 和 He，2011；Ke 等，2012；Gao 和 Li，2015；Ke 等，2016）。所以，本章主要探究了 CEO 组织认同对高管薪酬业绩敏感性的影响。因此，基于委托代理理论和组织认同理论的视角，以证监会中国上市公司内部控制问卷调查数据中"CEO 组织认同数据"为研究基础，基于 2014～2016 年我国沪深 A 股上市公司相关数据，本章探讨了 CEO 组织认同与高管薪酬业绩敏感性的关系。研究发现，CEO 组织认同会显著加强高管薪酬业绩的敏感性。此外，本章进一步按照财务报告质量和分析师跟踪分组检验，相比于财务报告质量较好的公司，组织认同感越强的 CEO 更能显著增强财务报告质量较差的公司薪酬业绩敏感性；相比于分析师跟踪较多的公司，组织认同感越强的 CEO 更能显著增强分析师跟踪较少的公司薪酬业绩敏感性。本章的研究结果表明，CEO 组织认同能够显著增强高管薪酬业绩的敏感性，促使 CEO 按照公司利益行事，以此做出符合公司价值最大化的决策行为。因此，本章的研究对保持 CEO 与公司利益一致，改善 CEO 公司财务决策效果、提升 CEO 公司财务决策效率存在一定的政策借鉴意义。

4.2 理论分析与研究假设

两权的分离导致了管理者与股东之间信息不对称，从而诱发了经理人的道德风险（Moral Hazard）。薪酬契约能够降低经理人与股东之间的信息不对称程度（Holmstrom，1989），促使其按照公司利益行事（Jensen 和 Murphy，1990）。事实上，薪酬契约主要将经理人的薪酬与公司业绩挂钩，以此促使经理人按照公司利益行事。所以，薪酬业绩敏感性（Pay for Performance Sensitivity）能够反映经理人与公司利益一致性的程度（Jensen 和 Murphy，1990；Core 等，1999；Conyon 和 He，2011；Ke 等，2012；Gao 和 Li，2015；Ke 等，2016）。由此可见，薪酬业绩敏感性对经理人决策，尤其是 CEO 公司财务决策存在激励作用。具体地，Jensen 和 Murphy（1990）研究发现，美国公司业绩每增加 1000 美元，CEO 薪酬会相应增加 3.25 美元。尽管 CEO 薪酬对业绩敏感性水平较低，但总体上反映了薪酬业绩敏感性能够促使 CEO 按照公司利益行事。此外，基于中国经理人薪酬状况，Conyon 和 He（2011）研究发现，中国资本市场中存在与美国资本市场类似的薪酬业绩敏感性低水平状况，但总体上薪酬业绩敏感性对中国公司中 CEO 公司财务决策也存在同样的激励作用。美国公司高管薪酬水平高出中国公司高管薪酬水平的 17 倍。所以薪酬业绩敏感性在很大程度上能够促使 CEO 按照公司利益行事。

管理层权力理论认为，薪酬契约本身可能就是一种代理问题，受到管理层权力的影响，成为管理层谋求控制权私有收益的主要渠道，从而会助长 CEO 与公司之间的代理成本（Bebchuk 等，2002；Bebchuk 和 Fried，2003），以此削弱薪酬业绩敏感性对 CEO 的激励作用。首先，基于个人利益最大化视角，CEO 会在很大程度上通过盈余操纵的机会主义手段粉饰公司的财务业绩以满足薪酬合同的要求获取自身短期利益的最大化（Dechow 和 Skinner，2000；权小锋等，2010；Jensen 和 Murphy，2012）。其次，弱的公司治理机制会强化薪酬契约本身的代理问题，从而进一步削弱薪酬业绩敏感性对 CEO 的激励作用（Core 等，1999；Firth 等，2007；张敏和姜付秀，2010；Conyon 和 He，2011）。最后，风险规避型的 CEO 在很大程度上弱化了薪酬敏感性对自身的激励作用。Mishra 等（2000）研究发现，相比于较低经营风险的公司，在较高经营风险的公司中，公司未来业绩不确定性越大，CEO 风险规避会显著降低薪酬业绩敏感性。所以，目前薪酬业绩敏感性激励 CEO 按照公司利益行事并不完全有效。

然而，当传统的委托代理模型嵌入 CEO 组织认同影响因素后，CEO 组织认同能够促使 CEO 按照公司利益行事（Akerlof 和 Kranton，2000，2005，2008；Boivie 等，2011；Heinle 等，2012；汤晓建和林斌，2018）。一方面，基于组织认同内涵角度，组织认同能够让 CEO 通过接受企业的使命、愿景与目标方式认同自己在企业中的角色（Davis 等，1997）。CEO 的组织认同感加剧了将自身的利益与企业的利益绑定在一起（Mael 和 Ashforth 1992；汤晓建和林斌，2018）。此时，当企业饱受批评时，组织认同度高的 CEO 会感到尴尬；当企业受到褒扬时，组织认同度高的 CEO 会感到欣喜，而且公司的成功被看成是自己的成功（Mael 和 Ashforth，1992；汤晓建和林斌，2018）。也就是，CEO 将自我完全融入企业中，以此与企业共"荣辱"。另一方面，基于委托代理成本视角，在委托代理成本模型中，嵌入组织认同因素能够降低 CEO 与股东之间的委托代理成本（Boivie 等，2011；Heinle 等，2012），促使组织认同度高的 CEO 与公司目标保持一致，并按照公司利益行事（Akerlof 和 Kranton，2000，2005，2008；Heinle 等，2012）。

综上所述，CEO 组织认同能够克服薪酬契约自身的代理问题，降低 CEO 与股东之间的代理成本。与此同时，CEO 组织认同也能克服弱的公司治理机制、

CEO 风险规避等因素的影响，将 CEO 的利益与公司的利益绑定在一起，以此与公司共"荣辱"。由此可见，在薪酬业绩敏感性激励 CEO 按照公司利益行事并不完全有效的情况下，CEO 组织认同能够作为薪酬契约的一种互补机制来激励 CEO 按照公司利益行事。因此，我们可以预见 CEO 组织认同能够显著增强高管薪酬业绩敏感性。据此，本章提出第一个假设：

假设 H1：在限定条件下，组织认同感越强的 CEO 越能显著提高薪酬业绩敏感性。

以往研究表明，弱的财务报告质量环境显著增加了对经理人短视投资行为的激励（Gigler 等，2014；Kraft 等，2017）。尤其是弱的财务报告质量环境增加了 CEO 通过误报公司业绩信息来夸大薪酬激励的可能性，而且使董事会很难察觉和替换真实业绩糟糕的 CEO（Jongjaroenkamol 和 Laux，2017）。由此可见，弱的财务报告质量环境在很大程度上为 CEO 通过盈余操纵的机会主义手段粉饰公司的财务业绩以满足薪酬合同的要求获取自身短期利益的最大化（Dechow 和 Skinner，2000；权小锋等，2010；Jensen 和 Murphy，2012）提供了可能。所以，弱的财务报告质量环境可能会显著削弱业绩薪酬敏感性对 CEO 按照公司利益行事的激励作用。然而，正如前文所述，CEO 组织认同能够克服薪酬契约自身的代理问题、弱的公司治理机制以及 CEO 风险规避等因素的影响，将 CEO 的利益与公司的利益绑定在一起，以此按照公司利益行事。因此，在弱的财务报告质量环境下，CEO 组织认同同样能够克服 CEO 短视行为（Myopic Behavior）影响，成为薪酬契约的一种互补机制来激励 CEO 按照公司利益行事。因此，我们可以预见，相比于财务报告质量较好的公司，组织认同感越强的 CEO 更能显著促进财务报告质量较差的公司薪酬业绩敏感性。据此，本章提出第二个假设：

假设 H2：在限定条件下，相比于财务报告质量较好的公司，组织认同感越强 CEO 更能显著增强财务报告质量较差的公司薪酬业绩敏感性。

分析师通过对管理者行为的有效监督能够显著降低管理者与股东之间的委托代理成本，以此促进管理者按照公司利益行事（Jensen 和 Meckling，1976）。"监督假说"认为，一方面，分析师会定期捕捉公司财务报告信息，频繁地通过电话会议或者实地调研的方式向经理人询问公司经营业绩状况（Mayew 等，2013；Cheng 等，2016；Han 等，2018）；另一方面，分析师通过盈余预测研究报告或者媒体访谈的方式向机构投资者和个人投资者提供公司层面的共有和私有信息（Miller，2006），以此起到了对公司经理人行为的监督作用。以往研究表明，相比于较多分析师跟踪的公司，在较少分析师跟踪的公司中，CEO 更有可能进行盈余操纵行为来获得更多的超额薪酬补偿，以此降低了薪酬业绩的敏感性（Chen 等，2015）。相比于较多分析师跟踪的公司，在较少分析师跟踪的公司中，薪酬业绩敏感性对 CEO 的激励作用会被削弱，以此加剧了 CEO 与股东之间的信息不对称，从而助长了 CEO 的短视行为（Myopic Behavior）。但是，正如前文所述，CEO 组织认同能够克服薪酬契约自身的代理问题、弱的公司治理机制以及 CEO 风险规避等因素的影响，将 CEO 的利益与公司的利益绑定在一起，以此按照公司利益行事。因此，在较少分析师跟踪的公司中，CEO 组织认同同样能够克服 CEO 短视行为（Myopic Behavior）影响，成为薪酬契约的一种互补机制来激励 CEO 按照公司利益行事。因此，我们可以预见，相比于分析师跟踪较多的公司，组织认同感越强的 CEO 更能显著促进分析师跟踪较差的公司薪酬业绩敏感性。据此，本章提出第三个假设：

假设 H3：在限定条件下，相比于分析师跟踪较多的公司，组织认同感越强的 CEO 更能显著促进分析师跟踪较少的公司薪酬业绩敏感性。

4.3　研究设计

4.3.1　数据来源

本章 CEO 组织认同数据来自证监会中国上市公司内部控制问卷调查数据库。有关证监会中国上市公司内部控制问卷调查数据库介绍如下：

为了做好上市公司内部控制调研工作，证监会上市部牵头组建了证监会上市公司内控调研工作组，由证监会会计部、中国上市公司协会、上海证券交易所、深圳证券交易所、内控专业咨询机构深圳迪博公司和中山大学内部控制研究中心等成员单位组成。证监会上市公司内控工作组综合定性和定量、典型案例研究和大样本研究的方法，组织召开座谈会，向上市公司、会计师事务所和机构投资者发放问卷调查，深入公司现场实地访谈。

在证监会上市部的组织下，经过长达一年的准备，通过多次反复修改和论证，内控调研工作组设计了一整套内部控制调查问卷。内控调研工作组于 2014 年 9 月 5 日，通过上海证券交易所、深圳证券交易所、证监会会计部、中国证券投资基金业协会，分别向 A 股上市公司、具有证券期货执业资格的会计师事务所、机构投资者发放调查问卷。2014 年 10 月 10 日，内控调研工作组召开调查问卷研讨会，分析问卷回收情况，落实调查问卷工作。截至 2014 年 10 月 31 日，共回收 2274 套调查问卷（12730 份），总体回收率为 80.61%。

基于证监会中国上市公司问卷调查数据库中的 CEO 组织认同数据，假定 CEO 组织认同在短期内保持不变，本章选取了 2014~2016 年我国 A 股上市公司的样本数据。具体地，我们根据如下原则进行数据选取：①样本剔除了研究期间内 CEO 离职的公司。②剔除缺失值的公司。③剔除金融类企业的公司。④为了消除 IPO 的影响，剔除上市不足一年的公司。⑤考虑到刚入职不久的 CEO 的组织认同感并不能反映其真实情况，剔除了 CEO 任期不足 2 年的公司。另外，由于问卷是 2014 年下半年调研完成的，如果 CEO 在 2014 年以后离职了所在公司，那么，我们进一步剔除了该 CEO 离职后的样本数据。最终得到 2014~2016 年 2945 家样本公司。为了降低异常值的影响，本章对连续变量在 1%~99% 分位数水平上进行了 Winsorize 处理。此外，本章财务及其他数据来源于 CSMAR 数据库。

4.3.2 变量定义

4.3.2.1 被解释变量

参考辛清泉等（2007）、方军雄（2009）、Chen 等（2012）、蔡贵龙等

（2018）的取值方法，本部分选择前三高管薪酬取对数作为高管薪酬（$PAY_{i,t}$）的替代变量。

4.3.2.2　解释变量

（1）组织认同变量。

本部分的解释变量为 CEO 组织认同（CEO_OI）。该数据来源于证监会中国上市公司问卷调查数据库中组织认同量表。其中，该量表参考了 Mael 和 Ashforth（1992）的研究方法。若 CEO 填写表 4-1，取值范围为 1~5，1 表示完全不符合、2 表示部分符合、3 表示一般、4 表示符合、5 表示完全符合；否则为缺失值。然后，对应加总每一位 CEO 的组织认同度测度得分取平均值，分值越高，其组织认同度就越高。其数值越大，CEO 所对应的组织认同感就越强。为了消除量纲的影响，本书对 CEO 组织认同分别进行了中心化处理。

表 4-1　组织认同量表

我认为以下陈述	完全不符合	部分符合	一般	符合	完全符合
当有人批评我的公司时，我感觉就像在批评自己一样					
我很想知道其他人是怎么看待我的公司的					
我经常用"我们……"来描述我的公司的情况，而不是用"他们……"					
我认为，我的公司的成功就是我的成功					
当有人赞扬我的公司时，我感觉这也是对我个人的赞扬					
假如我的公司因某事被媒体批评，我会感觉很尴尬					

注：请根据您所在公司和您个人的实际情况，在相应的空格画"√"。

（2）公司业绩变量。

参考方军雄（2009）、Chen 等（2012）、蔡贵龙等（2018）的研究，本部分公司业绩（$EBIT_{i,t}$）替代变量为公司息税前净利润取对数后的值。

4.3.2.3　分组变量

（1）财务报告质量变量。

本部分借鉴 Dechow 等（1995）的计算方法求得可操控性应计取绝对值（FRQ）作为财务报告质量的替代变量。如果可操控应计值大于等于其中位数，则取值为 1，反映了较低财务报告质量；否则，取值为 0，反映了较高的财务报告质量。

（2）分析师跟踪变量。

本部分的分析师跟踪变量为分析师跟踪数虚拟变量（$ANALYSFD_{i,t}$）。其中，分析师跟踪数（$ANALYSF_{i,t}$）为分析师团队跟踪数。如果分析师跟踪数大于等于其均值，取值为 1；否则，如果分析师跟踪数小于其均值，取值为 0。

4.3.2.4　控制变量

借鉴以往研究（Firth 等，2006；方军雄，2009；Chen 等，2012；蔡贵龙等，2018），本部分分别选取以下控制变量：①公司规模（$SIZE_{i,t}$），其值等于当期期末资产取对数后的值。②资产负债率（$LEV_{i,t}$），其值等于公司负债总额与资产总额比值。③成长性（$GROWTH_{i,t}$），其值等于营业收入增长率。④市价账面比（$MB_{i,t}$），其值等于市场价值/账面价值。⑤公司亏损（$LOSS_{i,t}$），如果公司当年净利润小于 0，取值为 1，表明公司亏损；否则，取值为 0。⑥两职合一（$DUAL_{i,t}$），如果总经理和董事长为同一人，取值为 1；否则，取值为 0。⑦董事会规模（$BDSIZE_{i,t}$），其值为董事会人数去自然对数后的数值。⑧是否"大所"审计（$BIG8_{i,t}$），如果公司财务报表为前八大规模的会计师事务所审计，取值为 1；否则，取值为 0。⑨上一期审计意见（$OPINION_{i,t-1}$），如果公司上一期财务报表被审计师出具非标准审计意见，取值为 1；否则，取值为 0。⑩第一大股东持股比例（$LARGESHAH_{i,t}$），其值等于第一大股东持股比例与公司发行在外普通股总股数比值。⑪企业性质（$SOE_{i,t}$），如果公司为国有控股，取值为 1；如果公司为非国有控股，取值为 0。⑫公司上市年限（$AGE_{i,t}$）。具体变量定义如表 4-2 所示。本章通过行业和年份虚拟变量控制了行业和年份固定效应。

表 4-2 变量定义

变量	变量定义
高管薪酬变量	
$PAY_{i,t}$	高管薪酬。参考辛清泉等（2007）、方军雄（2009）、Chen 等（2012）、蔡贵龙等（2018）的取值方法，选择前三高管薪酬取对数作为高管薪酬的替代变量
CEO 组织认同变量	
$CEO\_OI_{i,t}$	取自证监会 2014 年中国上市公司问卷调查数据库中组织认同量表，由量表中对应 6 项指标加总取均值后得出的数值。该数值取值范围为 [1, 5]。其数值越大，CEO 所对应的组织认同感就越强
公司业绩变量	
$EBIT_{i,t}$	公司业绩。其值等于公司息税前净利润取对数后的值
调节变量	
$FRQD_{i,t}$	借鉴 Dechow 等（1995）的计算方法求得可操控性应计取绝对值（FRQ）。如果可操控应计值大于等于其中位数，则取值为 1，反映了较低财务报告质量；否则，取值为 0，反映了较高的财务报告质量
$ANALYSFD_{i,t}$	分析师跟踪数（$ANALYSF_{i,t}$）等于分析师团队跟踪数。如果分析师跟踪数大于等于其均值，取值为 1；否则，如果分析师跟踪数小于其均值，取值为 0
控制变量	
$SIZE_{i,t}$	公司规模。其值等于当期期末资产取对数后的值
$LEV_{i,t}$	资产负债率。其值等于公司负债总额与资产总额比值
$GROWTH_{i,t}$	成长性。营业收入增长率
$MB_{i,t}$	市价账面比。其值等于市场价值/账面价值
$LOSS_{i,t}$	公司亏损。如果公司当年净利润小于 0，取值为 1，表明公司亏损；否则，取值为 0
$DUAL_{i,t}$	两职合一。如果总经理和董事长为同一人，取值为 1；否则，其取值为 0
$BDSIZE_{i,t}$	董事会规模。其值为董事会人数去自然对数后的数值
$BIG8_{i,t}$	是否"大所"审计。根据中国注册会计师协会按照会计师事务所业务收入历年排名（ht-tp://www.cicpa.org.cn/Registration/pingjia/），如果公司财务报表为前八大规模的会计师事务所审计，取值为 1；否则，取值为 0
$OPINION_{i,t-1}$	上一期审计意见。如果公司上一期财务报表被审计师出具非标准审计意见，取值为 1；否则，取值为 0
$LARGESHAH_{i,t}$	第一大股东持股比例。其值等于第一大股东持股比例与公司发行在外普通股总股数比值
$SOE_{i,t}$	企业性质。如果公司为国有控股，取值为 1；如果公司为非国有控股，取值为 0
$AGE_{i,t}$	公司上市年限

4.3.3　模型设定

参考 Firth 等（2006）、辛清泉等（2007）、方军雄（2009）、Chen 等（2012）、蔡贵龙等（2018）的研究，为了验证假设 H1，我们构建了检验模型（4-1）：

$$PAY_{i,t} = \alpha_0 + \alpha_1 CEO\_OI_{i,t} + \alpha_2 EBIT_{i,t} + \alpha_3 EBIT_{i,t} * CEO\_OI_{i,t} + \alpha_4 SIZE_{i,t} + \alpha_5 LEV_{i,t} +$$
$$\alpha_6 GROWTH_{i,t} + \alpha_7 MB_{i,t} + \alpha_8 LOSS_{i,t} + \alpha_9 DUAL_{i,t} + \alpha_{10} BDSIZE_{i,t} + \alpha_{11} BIG8_{i,t} +$$
$$\alpha_{12} OPINION_{i,t-1} + \alpha_{13} LARGESHAH_{i,t} + \alpha_{14} SOE_{i,t} + \alpha_{15} AGE_{i,t} + INDUSTRY + YEAR + \varepsilon$$

$$(4-1)$$

其中，如果 α_3 为正值，且在统计上显著，则表明组织认同感越强的 CEO 显著增强了高管薪酬业绩敏感性。

其次，为了验证假设 H2 和假设 H3，我们分别按照财务报告质量（$FRQ_{i,t}$）、分析师跟踪（$ANALYSFD_{i,t}$）进行分组，并分组进行模型（4-1）回归分析，以此来判别相比于财务报告质量较好的公司，组织认同感越强的 CEO 更能显著促进财务报告质量较差的公司薪酬业绩敏感性；相比于分析师跟踪较多的公司，组织认同感越强的 CEO 越能显著促进分析师跟踪较差的公司薪酬业绩敏感性。

4.4　实证结果讨论与分析

4.4.1　描述性统计结果分析

表 4-3 表示本部分使用变量的描述性统计结果。其中，$PAY_{i,t}$ 均值为 14.305。$EBIT_{i,t}$ 均值为 19.154。未中心化后的 $CEO\_OI_{i,t}$ 均值为 4.274，表明样本公司 CEO 的组织认同感存在正态分布右偏的倾向，以此反映研究中的样本公司 CEO 的组织认同感普遍较高。另外，$SIZE_{i,t}$ 均值为 22.218，$LEV_{i,t}$ 均值为 0.413，$GROWTH_{i,t}$ 均值为 0.166，$MB_{i,t}$ 均值为 3.072，$BDSIZE_{i,t}$ 均值为 2.131，

LARGESHAH$_{i,t}$ 均值为 0. 245，AGE$_{i,t}$ 均值为 10. 202。

表 4-3　描述性统计结果分析

Variable	N	Mean	Median	Std. Dev.	min	max
PAY$_{i,t}$	2945	14. 305	14. 270	0. 673	11. 593	17. 188
EBIT$_{i,t}$	2945	19. 154	19. 142	1. 387	15. 532	22. 726
CEO_ OI$_{i,t}$	2945	4. 274	4. 333	0. 627	1. 000	5. 000
FRQ$_{i,t}$	2945	0. 052	0. 035	0. 053	0. 000	0. 469
FRQD$_{i,t}$	2945	0. 485	0. 000	0. 500	0. 000	1. 000
ANALYSF$_{i,t}$	2945	7. 512	5. 000	7. 789	0. 000	55. 000
ANALYSFD$_{i,t}$	2945	0. 390	0. 000	0. 488	0. 000	1. 000
SIZE$_{i,t}$	2945	22. 218	22. 070	1. 139	19. 951	25. 669
LEV$_{i,t}$	2945	0. 413	0. 402	0. 196	0. 059	0. 862
GROWTH$_{i,t}$	2945	0. 166	0. 100	0. 373	−0. 520	2. 174
MB$_{i,t}$	2945	3. 072	2. 461	2. 184	0. 973	15. 414
LOSS$_{i,t}$	2945	0. 021	0. 000	0. 142	0. 000	1. 000
DUAL$_{i,t}$	2945	0. 301	0. 000	0. 459	0. 000	1. 000
BDSIZE$_{i,t}$	2945	2. 131	2. 197	0. 198	1. 099	2. 890
BIG8$_{i,t}$	2945	0. 530	1. 000	0. 499	0. 000	1. 000
OPINION$_{i,t-1}$	2945	0. 014	0. 000	0. 116	0. 000	1. 000
LARGESHAH$_{i,t}$	2945	0. 245	0. 220	0. 175	0. 010	0. 689
SOE$_{i,t}$	2945	0. 339	0. 000	0. 473	0. 000	1. 000
AGE$_{i,t}$	2945	10. 202	8. 000	6. 398	2. 000	26. 000

　　FRQD$_{i,t}$ 均值为 0. 485，表明 48.5% 的样本公司财务报告质量较低。
ANALYSFD$_{i,t}$ 均值为 0. 390，表明 39% 的样本公司存在较多分析师跟踪。LOSS$_{i,t}$
均值为 0. 021，表明亏损公司占总样本公司数的 2.1%；DUAL$_{i,t}$ 均值为 0. 301，
表明有 30.1% 的样本公司存在两职合一情况；BIG8$_{i,t}$ 均值为 0. 530，表明被"大
所"审计的公司占总样本公司数的 53%，而被"小所"审计的公司占比为 47%；
OPINION$_{i,t-1}$ 均值为 0. 014，表明上一期收到非标准审计意见的公司占总样本数的

1.4%；$SOE_{i,t}$ 均值为 0.339，表明国有控股公司占比为 33.9%，民营控股公司占比为 66.1%。

4.4.2 相关性分析

表4-4表示本部分使用变量的相关性分析结果。其中，$EBIT_{i,t}$ 与 $PAY_{i,t}$ 在1%统计水平上存在显著正相关关系，初步表明样本公司存在显著的业绩薪酬敏感性。另外，$CEO\_OI_{i,t}$ 与 $PAY_{i,t}$ 在1%统计水平上存在显著正相关关系。

4.4.3 回归结果分析

表4-5表示 CEO 组织认同（$CEO\_OI_{i,t}$）与高管薪酬业绩敏感性关系的回归结果。其中，如（1）的回归结果所示，在控制影响高管薪酬相关控制变量后，息税前净利润与 CEO 组织认同交互项（$EBIT_{i,t} \times CEO\_OI_{i,t}$）与高管薪酬（$PAY_{i,t}$）在1%统计水平上存在显著正相关关系（回归系数 = 0.047，t 值 = 2.661），表明 CEO 组织认同显著增强了高管薪酬业绩敏感性，从而支持了假设 H1。

如（2）的回归结果所示，它表示较高财务报告质量公司样本中 CEO 组织认同（$CEO\_OI_{i,t}$）与高管薪酬业绩敏感性关系的回归结果。在控制影响高管薪酬相关控制变量后，息税前净利润与 CEO 组织认同交互项（$EBIT_{i,t} \times CEO\_OI_{i,t}$）与高管薪酬（$PAY_{i,t}$）存在统计上不显著的正相关关系（回归系数 = 0.028，t 值 = 1.544），表明在较高财务报告质量公司中 CEO 组织认同与高管薪酬业绩敏感性存在不显著的正相关关系。如（3）的回归结果所示，它表示较低财务报告质量公司样本中 CEO 组织认同（$CEO\_OI_{i,t}$）与高管薪酬业绩敏感性关系的回归结果。在控制影响高管薪酬相关控制变量后，息税前净利润与 CEO 组织认同交互项（$EBIT_{i,t} \times CEO\_OI_{i,t}$）与高管薪酬（$PAY_{i,t}$）在1%统计水平上存在显著正相关关系（回归系数 = 0.068，t 值 = 2.616），表明在较低财务报告质量公司中 CEO 组织认同显著增强了高管薪酬业绩敏感性。综合（2）和（3）的回归结果，由此表明，相比于财务报告质量较高的公司，CEO 组织认同更能显著增强财务报告质量较低公司的高管薪酬业绩敏感性，从而支持了假设 H2。

表 4-4　相关性分析

Variable	(1)	(2)	(3)	(4)	(5)	(6)	(7)	(8)	(9)	(10)	(11)	(12)	(13)	(14)
$PAY_{i,t}$	1													
$EBIT_{i,t}$	0.490***	1												
$CEO\_OI_{i,t}$	0.057***	-0.010	1											
$SIZE_{i,t}$	0.456***	0.829***	-0.018	1										
$LEV_{i,t}$	0.136***	0.320***	-0.022	0.529***	1									
$GROWTH_{i,t}$	0.026	0.100***	0.042**	0.014	0.022	1								
$MB_{i,t}$	-0.159***	-0.394***	0.042**	-0.553***	-0.401***	0.058***	1							
$LOSS_{i,t}$	-0.060***	-0.123***	-0.015	0.041**	0.169***	-0.076***	-0.056***	1						
$DUAL_{i,t}$	-0.009	-0.140***	0.038**	-0.172***	-0.117***	0.037**	0.155***	-0.038**	1					
$BDSIZE_{i,t}$	0.145***	0.259***	-0.018	0.279***	0.148***	-0.036*	-0.205***	0.017	-0.200***	1				
$BIG8_{i,t}$	0.090***	0.080***	0.023	0.069***	0.011	-0.036	-0.002	0.017	0.050***	0.021	1			
$OPINION_{i,t-1}$	-0.089***	-0.083***	0.02	-0.071***	0.079***	0.014	0.102***	0.045**	0.019	-0.002	0.010	1		
$LARGESHAH_{i,t}$	0.102***	0.224***	-0.035*	0.289***	0.191***	-0.153***	-0.181***	0.035*	-0.154***	0.071***	0.040**	-0.017	1	
$SOE_{i,t}$	0.066***	0.203***	-0.042**	0.308***	0.275***	-0.140***	-0.266***	0.062***	-0.271***	0.254***	-0.008	-0.016	0.353***	1
$AGE_{i,t}$	0.155***	0.222***	-0.003	0.337***	0.345***	-0.122***	-0.201***	0.090***	-0.244***	0.149***	-0.029	0.045**	0.220***	0.479***

注：N=2945；* 表示 $p<0.1$，** 表示 $p<0.05$，*** 表示 $p<0.01$。

表 4-5　回归结果

变量	D. V. PAY_{i,t}				
	(1)	(2)	(3)	(4)	(5)
		财务报告质量		分析师跟踪	
	全样本	较高	较低	较多	较少
CEO_OI_{i,t}	−0.831**	−0.482	−1.231**	−0.121	−0.810**
	(−2.518)	(−1.398)	(−2.520)	(−0.172)	(−2.259)
EBIT_{i,t}	0.163***	0.152	0.176	0.230	0.116
	(8.753)	(6.679)	(6.739)	(6.285)	(5.685)
EBIT_{i,t}×CEO_OI_{i,t}	0.047***	0.028	0.068***	0.012	0.045**
	(2.661)	(1.544)	(2.616)	(0.330)	(2.332)
CONSTANT	7.350	7.741	6.814	6.990	8.530
	(14.669)	(13.654)	(10.490)	(8.071)	(14.932)
Controls	YES	YES	YES	YES	YES
INDUSTRY FE & YEAR FE	YES	YES	YES	YES	YES
Adjusted−R²	0.328	0.322	0.340	0.350	0.265
N	2945	1517	1428	1150	1795

注：*表示 $p<0.1$、**表示 $p<0.05$、***表示 $p<0.01$，（1）～（5）括号内的数据为 t 值。其中，稳括号中的 t 值经过异方差调整和稳健标准误是公司层面聚类调整后的值。

如（4）的回归结果所示，它表示较多分析师跟踪公司样本中 CEO 组织认同（CEO_OI_{i,t}）与高管薪酬业绩敏感性关系的回归结果。在控制影响高管薪酬相关控制变量后，息税前净利润与 CEO 组织认同交互项（EBIT_{i,t}×CEO_OI_{i,t}）与高管薪酬（PAY_{i,t}）存在统计上不显著的正相关关系（回归系数＝0.012，t 值＝0.330），表明在较多分析师跟踪的公司中 CEO 组织认同与高管薪酬业绩敏感性存在不显著的正相关关系。

如（5）的回归结果所示，它表示较少分析师跟踪公司样本中 CEO 组织认同（CEO_OI_{i,t}）与高管薪酬业绩敏感性关系的回归结果。在控制影响高管薪酬相关控制变量后，息税前净利润与 CEO 组织认同交互项（EBIT_{i,t}×CEO_OI_{i,t}）与高管薪酬（PAY_{i,t}）在 5% 统计水平上存在显著正相关关系（回归系数＝0.045，t 值＝2.332），表明在较少分析师跟踪的公司中 CEO 组织认同显著增强了高管薪酬业绩敏感性。综合（4）和（5）的回归结果，由此表明，相比于分析师跟踪较多的公司，CEO 组织认同更能显著增强分析师跟踪较少公司的高管薪酬业绩敏感性，从而支持了假设 H3。

综上所述，CEO 组织认同能够克服经理人短视行为（Myopic Behavior），增强高管薪酬业绩敏感性，以此激励经理人按照公司利益行事。此外，相比于财务报告质量较高的公司，CEO 组织认同更能显著增强财务报告质量较低公司的高管薪酬业绩敏感性；相比于分析师跟踪较多的公司，CEO 组织认同更能显著增强分析师跟踪较少公司的高管薪酬业绩敏感性。总体来看，以上发现证实了 CEO 组织认同能够显著改善薪酬契约的有效性。

4.4.4 稳健性检验

4.4.4.1 内生性检验

本部分可能存在以下内生性问题对研究结论的干扰。一方面，CEO 组织认同对薪酬业绩敏感性的影响可能会受到某些遗漏变量的干扰，即存在遗漏变量问题。另一方面，CEO 组织认同能够显著增强薪酬业绩敏感性，但薪酬敏感性强的公司 CEO 组织认同感可能原本就很强烈，即存在反向因果问题。因此，本部分将在下文对 CEO 组织认同与薪酬业绩敏感性关系中内生性问题进行了比较详细的补充论证，具体如下：

（1）考虑 CEO 人口统计学特征的影响。

根据高阶理论，经理人的人口统计学特征（包括性别、年龄、教育背景等）会显著影响他们的决策行为选择（Hambrick 和 Mason，1984），所以，CEO 的人口统计学特征可能会显著影响到高管薪酬业绩敏感性。由此，遗漏对 CEO 的人口统计学特征变量可能会干扰到 CEO 组织认同与高管薪酬业绩敏感性的研究发现。为了克服遗漏变量问题的影响，在模型（4-1）中有必要控制 CEO 的人口统计学特征。常见的 CEO 人口统计学变量主要有 CEO 的性别、教育背景、年龄和任职期限。我们从中国研究数据服务平台（CNRDS）获得相关数据。其中，相应的变量定义如下：①CEO 性别（CEO_MALE$_{i,t}$）。如果 CEO 为男性，取值为 1；如果 CEO 为女性，取值为 0。②CEO 教育背景（CEO_EDU$_{i,t}$）。如果 CEO 为博士学历，取值为4；如果 CEO 为硕士学历，取值为3；如果 CEO 为本科学历，取值为2；如果 CEO 为大专学历，取值为1；如果 CEO 为高中及以下学历，取值为0。③CEO 年龄（CEO_AGE$_{i,t}$）。④CEO 任职期限（CEO_TENURE$_{i,t}$）。相应地，CEO 性别（CEO_MALE$_{i,t}$）的均值为 0.933，表明 93.3%的公司 CEO 是男性，而 6.7%的公司 CEO 是女性。CEO 教育背景（CEO_EDU$_{i,t}$）均值为 2.51，表明样本公司中 CEO 学历普遍是本科学历。此外，CEO 年龄（CEO_AGE$_{i,t}$）均值为 49.43，表明样本公司 CEO 平均年龄为 49 岁。而 CEO 任职期限（CEO_TENURE$_{i,t}$）的均值为 5.77，表明样本公司 CEO 普遍任职年限大于 5 年。

表 4-6 表示在控制 CEO 人口统计学特征变量——CEO 性别（CEO_MALE$_{i,t}$）、CEO 教育背景（CEO_EDU$_{i,t}$）、CEO 年龄（CEO_AGE$_{i,t}$）和 CEO 任职期限（CEO_TENURE$_{i,t}$）后 CEO 组织认同（CEO_OI$_{i,t}$）与高管薪酬业绩敏感性关系的回归结果。其中，如（1）的回归结果所示，在控制 CEO 人口统计学特征变量后，息税前净利润与 CEO 组织认同交互项（EBIT$_{i,t}$×CEO_OI$_{i,t}$）与高管薪酬（PAY$_{i,t}$）在 5%统计水平上存在显著正相关关系（回归系数 = 0.045，t 值 = 2.568），表明 CEO 组织认同显著增强了高管薪酬业绩敏感性。

如（2）的回归结果所示，它表示较高财务报告质量公司样本中 CEO 组织认同（CEO_OI$_{i,t}$）与高管薪酬业绩敏感性关系的回归结果。在控制 CEO 人口统计学特征变量后，息税前净利润与 CEO 组织认同交互项（EBIT$_{i,t}$×CEO_OI$_{i,t}$）与高管薪酬（PAY$_{i,t}$）存在统计上不显著的正相关关系（回归系数 = 0.025，t 值 = 1.344），表明在较高财务报告质量公司中 CEO 组织认同与高管薪酬业绩敏感性存在不显著的正相关关系。

如（3）的回归结果所示，它表示较低财务报告质量公司样本中 CEO 组织认同（CEO_OI$_{i,t}$）与高管薪酬业绩敏感性关系的回归结果。在控制 CEO 人口统计学特征变量后，息税前净利润与 CEO 组织认同交互项（EBIT$_{i,t}$×CEO_OI$_{i,t}$）与高管薪酬（PAY$_{i,t}$）在 1%统计水平上存在显著正相关关系（回归系数 = 0.069，t 值 = 2.603），表明在较低财务报告质量公司中 CEO 组织认同显著增强了高管薪酬业绩敏感性。综合（2）和（3）的回归结果，由此表明，相比于财务报告质量较高的公司，CEO 组织认同更能显著增强财务报告质量较低公司的高管薪酬业绩敏感性。

表 4-6　考虑人口统计学特征后回归结果

变量	D. V. PAY$_{i,t}$				
	(1)	(2)	(3)	(4)	(5)
		财务报告质量		分析师跟踪	
	全样本	较高	较低	较多	较少
CEO_OI$_{i,t}$	−0.805**	−0.417	−1.233**	−0.183	−0.767**
	(−2.428)	(−1.207)	(−2.503)	(−0.262)	(−2.109)
EBIT$_{i,t}$	0.160***	0.150***	0.172***	0.224***	0.115***
	(8.654)	(6.650)	(6.576)	(6.332)	(5.538)
EBIT$_{i,t}$×CEO_OI$_{i,t}$	0.045**	0.025	0.069***	0.015	0.043**
	(2.568)	(1.344)	(2.603)	(0.411)	(2.192)
CEO_MALE$_{i,t}$	−0.010	−0.014	0.004	−0.010	−0.030
	(−0.136)	(−0.181)	(0.044)	(−0.105)	(−0.333)
CEO_EDU$_{i,t}$	0.065***	0.068***	0.064**	0.093***	0.039*
	(3.401)	(3.055)	(2.560)	(3.014)	(1.751)
CEO_AGE$_{i,t}$	0.005*	0.005	0.005	0.003	0.006*
	(1.701)	(1.496)	(1.315)	(0.678)	(1.782)
CEO_TENURE$_{i,t}$	0.002	0.001	0.002	0.003	0.003
	(0.400)	(0.208)	(0.323)	(0.333)	(0.435)
CONSTANT	7.264***	7.698***	6.667***	6.989***	8.402***
	(13.931)	(13.017)	(9.762)	(7.829)	(14.197)
Controls	YES	YES	YES	YES	YES
INDUSTRY FE & YEAR FE	YES	YES	YES	YES	YES
Adjusted−R^2	0.335	0.332	0.344	0.359	0.267
N	2897	1492	1405	1132	1765

注：* 表示 p<0.1、** 表示 p<0.05、*** 表示 p<0.01，（1）~（5）括号内的数据为 t 值。其中，稳括号中的 t 值经过异方差调整和稳健标准误是公司层面聚类调整后的值。

如（4）的回归结果所示，它表示较多分析师跟踪公司样本中 CEO 组织认同（CEO_OI$_{i,t}$）与高管薪酬业绩敏感性关系的回归结果。在控制 CEO 人口统计学特征变量后，息税前净利润与 CEO 组织认同交互项（$EBIT_{i,t} \times CEO\_OI_{i,t}$）与高管薪酬（$PAY_{i,t}$）存在统计上不显著的正相关关系（回归系数 = 0.015，t 值 = 0.411），表明在较多分析师跟踪的公司中 CEO 组织认同与高管薪酬业绩敏感性存在不显著的正相关关系。

如（5）的回归结果所示，它表示较少分析师跟踪公司样本中 CEO 组织认同（$CEO\_OI_{i,t}$）与高管薪酬业绩敏感性关系的回归结果。在控制 CEO 人口统计学特征变量后，息税前净利润与 CEO 组织认同交互项（$EBIT_{i,t} \times CEO\_OI_{i,t}$）与高管薪酬（$PAY_{i,t}$）在 5% 统计水平上存在显著正相关关系（回归系数 = 0.043，t 值 = 2.192），表明在较少分析师跟踪的公司中 CEO 组织认同显著增强了高管薪酬业绩敏感性。综合（4）和（5）的回归结果，由此表明，相比于分析师跟踪较多的公司，CEO 组织认同更能显著增强分析师跟踪较少公司的高管薪酬业绩敏感性。

综上所述，在控制 CEO 的性别、年龄、教育背景和任职期限的人口统计学特征变量后，本部分的研究结论依旧成立，以此验证本书的研究发现是稳健的。即 CEO 组织认同能够显著增强高管薪酬业绩敏感性。此外，相比于财务报告质量较高的公司，CEO 组织认同更能显著增强财务报告质量较低公司的高管薪酬业绩敏感性；相比于分析师跟踪较多的公司，CEO 组织认同更能显著增强分析师跟踪较少公司的高管薪酬业绩敏感性。

（2）考虑其他遗漏变量影响。

正如前文所述，本部分的研究结论可能会受到 CEO 人口统计学特征的影响，所以，在控制了 CEO 人口统计学特征后本部分的研究结论依旧成立。但是，除此之外，本部分的研究发现还可能受到其他隐性遗漏变量的干扰。由此，采用固定效应模型去克服其他遗漏变量问题对本部分研究结论的干扰。

在本部分中，由于受问卷的限制，解释变量 CEO 组织认同（$CEO\_OI_{i,t}$）不随时间的变化而变化，所以，本部分无法使用传统的固定效应模型。基于此，本部分参考 Aghion 等（2013）、Kim 和 Zhang（2016）的固定效应模型处理方法，使用被解释变量的时间序列变化情况来控制公司固定效应的影响。由此计算出被解释变量高管薪酬指标（$PAY_{i,t}$）样本期间前三年（2011~2013 年）的均值，并用该均值来衡量公司固定效应。具体地，本部分在模型（4-1）中控制公司固定效应（$FIXED\_EM_{i,t}$）后重新进行回归结果检验。

表 4-7 表示在控制公司固定效应（$PAYFIXED_{i,t}$）后 CEO 组织认同（$CEO\_OI_{i,t}$）与高管薪酬业绩敏感性关系的回归结果。其中，如（1）的回归结果所示，在控制公司固定效应后，息税前净利润与 CEO 组织认同交互项（$EBIT_{i,t} \times CEO\_OI_{i,t}$）与高管薪酬（$PAY_{i,t}$）在 5% 统计水平上存在显著正相关关系（回归系数 = 0.025，t 值 = 2.101），表明 CEO 组织认同显著增强了高管薪酬业绩敏感性。

表 4-7　固定效应模型回归结果

变量	D. V. $PAY_{i,t}$				
	（1）	（2）	（3）	（4）	（5）
		财务报告质量		分析师跟踪	
	全样本	较高	较低	较多	较少
$CEO\_OI_{i,t}$	−0.449 **	−0.254	−0.687 **	0.007	−0.536 **
	（−2.003）	（−1.041）	（−2.220）	（0.015）	（−2.263）
$EBIT_{i,t}$	0.078 ***	0.071 ***	0.086 ***	0.119 ***	0.059 ***
	（7.062）	（5.310）	（5.337）	（5.374）	（4.626）
$EBIT_{i,t} \times CEO\_OI_{i,t}$	0.025 **	0.014	0.037 **	0.002	0.029 **
	（2.101）	（1.129）	（2.264）	（0.078）	（2.329）
$PAYFIXED_{i,t}$	0.809 ***	0.787 ***	0.831 ***	0.830 ***	0.784 ***
	（41.882）	（31.816）	（34.731）	（29.872）	（31.967）
CONSTANT	1.396 ***	1.811 ***	0.987 **	0.888 *	2.112 ***
	（4.319）	（4.634）	（2.331）	（1.725）	（5.552）
Controls	YES	YES	YES	YES	YES
INDUSTRY FE & YEAR FE	YES	YES	YES	YES	YES
Adjusted-R^2	0.744	0.741	0.745	0.769	0.701
N	2931	1508	1423	1146	1785

注：* 表示 p<0.1、** 表示 p<0.05、*** 表示 p<0.01，（1）~（5）括号内的数据为 t 值。其中，稳括号中的 t 值经过异方差调整和稳健标准误是公司层面聚类调整后的值。

如（2）的回归结果所示，它表示较高财务报告质量公司样本中 CEO 组织认同（CEO_OI$_{i,t}$）与高管薪酬业绩敏感性关系的回归结果。在控制公司固定效应后，息税前净利润与 CEO 组织认同交互项（EBIT$_{i,t}$×CEO_OI$_{i,t}$）与高管薪酬（PAY$_{i,t}$）存在统计上不显著的正相关关系（回归系数 = 0.014，t 值 = 1.129），表明在较高财务报告质量公司中 CEO 组织认同与高管薪酬业绩敏感性存在不显著的正相关关系。

如（3）的回归结果所示，它表示较低财务报告质量公司样本中 CEO 组织认同（CEO_OI$_{i,t}$）与高管薪酬业绩敏感性关系的回归结果。在控制公司固定效应后，息税前净利润与 CEO 组织认同交互项（EBIT$_{i,t}$×CEO_OI$_{i,t}$）与高管薪酬（PAY$_{i,t}$）在 5% 统计水平上存在显著正相关关系（回归系数 = 0.037，t 值 = 2.264），表明在较低财务报告质量公司中 CEO 组织认同显著增强了高管薪酬业绩敏感性。综合（2）和（3）的回归结果，由此表明，相比于财务报告质量较高的公司，CEO 组织认同更能显著增强财务报告质量较低公司的高管薪酬业绩敏感性。

如（4）的回归结果所示，它表示较多分析师跟踪公司样本中 CEO 组织认同（CEO_OI$_{i,t}$）与高管薪酬业绩敏感性关系的回归结果。在控制公司固定效应后，息税前净利润与 CEO 组织认同交互项（EBIT$_{i,t}$×CEO_OI$_{i,t}$）与高管薪酬（PAY$_{i,t}$）存在统计上不显著的正相关关系（回归系数 = 0.002，t 值 = 0.078），表明在较多分析师跟踪的公司中 CEO 组织认同与高管薪酬业绩敏感性存在不显著的正相关关系。

如（5）的回归结果所示，它表示较少分析师跟踪公司样本中 CEO 组织认同（CEO_OI$_{i,t}$）与高管薪酬业绩敏感性关系的回归结果。在控制公司固定效应后，息税前净利润与 CEO 组织认同交互项（EBIT$_{i,t}$×CEO_OI$_{i,t}$）与高管薪酬（PAY$_{i,t}$）在 5% 统计水平上存在显著正相关关系（回归系数 = 0.029，t 值 = 2.329），表明在较少分析师跟踪的公司中 CEO 组织认同显著增强了高管薪酬业绩敏感性。综合（4）和（5）的回归结果，由此表明，相比于分析师跟踪较多的公司，CEO 组织认同更能显著增强分析师跟踪较少公司的高管薪酬业绩敏感性。

综上所述，在控制公司固定效应后，本部分的研究结论依旧成立，以此验证本部分的研究发现是稳健的。即 CEO 组织认同能够显著增强高管薪酬业绩敏感性。此外，相比于财务报告质量较高的公司，CEO 组织认同更能显著增强财务报告质量较低公司的高管薪酬业绩敏感性；相比于分析师跟踪较多的公司，CEO 组织认同更能显著增强分析师跟踪较少公司的高管薪酬业绩敏感性。

（3）考虑反向因果问题。

本部分的研究结论可能还受到反向因果问题的干扰，即 CEO 组织认同能够显著增强薪酬业绩敏感性，但薪酬敏感性强的公司 CEO 组织认同感可能原本就很强烈。参考 Rosenbaum 和 Rubin（1983）、汤晓建和张俊生（2017）、Kim 等（2017）和张俊生等（2017）克服反向因果问题的方法，本部分采用倾向匹配得分的方法（PSM）去克服本文的反向因果问题。一方面，本部分将 CEO 组织认同（$CEO\_OI_{i,t}$）按照均值转换为虚拟变量。即如果 CEO 组织认同（$CEO\_OI_{i,t}$）大于等于其均值，取值为 1，代表较高的 CEO 组织认同度组；否则，如果 CEO 组织认同（$CEO\_OI_{i,t}$）小于其均值，取值为 0，代表较低的 CEO 组织认同度组。另一方面，本部分以较高 CEO 组织认同感组的公司作为处置组，在较低 CEO 组织认同感组的公司中寻找与处置组相似的配对样本。本部分按照 1∶1 无放回最近邻匹配的 PSM 方法。由此，本部分构建了 PSM 第一阶段的 Probit 配对模型（4-2）：

$$CEO\_OI_{i,t} = \alpha_0 + \alpha_1 EBIT_{i,t} + \alpha_2 SIZE_{i,t} + \alpha_3 LEV_{i,t} + \alpha_4 GROWTH_{i,t} + \alpha_5 MB_{i,t} +$$
$$\alpha_6 LOSS_{i,t} + \alpha_7 DUAL_{i,t} + \alpha_8 BDSIZE_{i,t} + \alpha_9 BIG8_{i,t} + \alpha_{10} OPINION_{i,t-1} + \alpha_{11} LARGESHAH_{i,t} +$$
$$\alpha_{12} SOE_{i,t} + \alpha_{13} AGE_{i,t} + INDUSTRY + YEAR + \varepsilon \qquad (4-2)$$

表 4-8 表示以较高 CEO 组织认同感组公司为处置组对较低 CEO 组织认同感组公司的样本按照 1∶1 无放回最近邻匹配的第一阶段回归结果。其中，如（1）的回归结果所示，成长性（$GROWTH_{i,t}$）与 CEO 组织认同（$CEO\_OI_{i,t}$）在 5%统计水平上存在显著正相关关系（回归系数=0.166，t 值=2.438），公司上市年限（$AGE_{i,t}$）与 CEO 组织认同（$CEO\_OI_{i,t}$）在 10%统计水平上存在显著正相关关系（回归系数=0.008，t 值=1.727），由此表明，CEO 组织认同感较高的公司具有较高的成长性和较长的上市年限。

表 4-8　PSM 第一阶段回归结果

变量	D. V. CEO_ $OI_{i,t}$
	(1)
$EBIT_{i,t}$	−0.041
	(−1.197)
$SIZE_{i,t}$	0.042
	(0.824)
$LEV_{i,t}$	−0.251
	(−1.528)
$GROWTH_{i,t}$	0.166**
	(2.438)
$MB_{i,t}$	0.001
	(0.084)
$LOSS_{i,t}$	−0.212
	(−1.211)
$DUAL_{i,t}$	0.075
	(1.354)
$BDSIZE_{i,t}$	0.174
	(1.342)
$BIG8_{i,t}$	0.058
	(1.222)
$OPINION_{i,t-1}$	0.140
	(0.657)
$LARGESHAH_{i,t}$	−0.155
	(−1.016)
$SOE_{i,t}$	−0.078
	(−1.203)
$AGE_{i,t}$	0.008*
	(1.727)
CONSTANT	0.099
	(0.135)
INDUSTRY FE & YEAR FE	YES
Pseudo-R^2	0.033
N	2945

注：*表示 p<0.1、**表示 p<0.05、***表示 p<0.01，(1) 括号内的数据为 z 值。

因此，基于表 4-8 的 PSM 第一阶段的结果，以较高 CEO 组织认同感组的公司作为处置组，在较低 CEO 组织认同感组的公司中寻找与处置组相似的配对样本，得到 1419 家 CEO 组织认同感较高的公司和 1419 家 CEO 组织认同感较低的公司。进一步地，如表 4-9 所示，我们对 PSM 后的配对样本进行了平衡性检验。其中，模型（4-1）中所有控制变量均不存在统计水平上的显著差异。由此表明，本文 PSM 匹配结果是有效的。

表 4-9　PSM 配对后控制变量均值差异检验（平衡性检验）

变量	CEO 组织认同较低		CEO 组织认同较高		
	样本量	均值	样本量	均值	均值差异
$EBIT_{i,t}$	1419	19.162	1419	19.152	0.010
$SIZE_{i,t}$	1419	22.233	1419	22.208	0.024
$LEV_{i,t}$	1419	0.419	1419	0.407	0.012
$GROWTH_{i,t}$	1419	0.148	1419	0.169	−0.020
$MB_{i,t}$	1419	2.990	1419	3.117	−0.127
$LOSS_{i,t}$	1419	0.024	1419	0.018	0.006
$DUAL_{i,t}$	1419	0.289	1419	0.304	−0.016
$BDSIZE_{i,t}$	1419	2.129	1419	2.133	−0.004
$BIG8_{i,t}$	1419	0.522	1419	0.536	−0.013
$OPINION_{i,t-1}$	1419	0.012	1419	0.012	0.000
$LARGESHAH_{i,t}$	1419	0.251	1419	0.243	0.008
$SOE_{i,t}$	1419	0.352	1419	0.335	0.016
$AGE_{i,t}$	1419	10.192	1419	10.041	0.152

注：* 表示 p<0.1、** 表示 p<0.05、*** 表示 p<0.01。

表 4-10 为 PSM 配对后的样本回归结果。其中，如（1）的回归结果所示，在控制样本选择偏差后，息税前净利润与 CEO 组织认同交互项（$EBIT_{i,t} \times CEO\_OI_{i,t}$）与高管薪酬（$PAY_{i,t}$）在 5% 统计水平上存在显著正相关关系（回归系数 = 0.045，t 值 = 2.577），表明 CEO 组织认同显著增强了高管薪酬业绩敏感性。

表 4-10 PSM 配对后回归结果

变量	D. V. PAY$_{i,t}$				
	(1)	(2)	(3)	(4)	(5)
		财务报告质量		分析师跟踪	
Variables	全样本	较高	较低	较多	较少
CEO_OI$_{i,t}$	−0.813 **	−0.513	−1.141 **	−0.064	−0.850 **
	(−2.457)	(−1.481)	(−2.296)	(−0.091)	(−2.344)
EBIT$_{i,t}$	0.165 ***	0.154 ***	0.178 ***	0.220 ***	0.122 ***
	(8.617)	(6.522)	(6.661)	(5.978)	(5.790)
EBIT$_{i,t}$×CEO_OI$_{i,t}$	0.045 **	0.029	0.063 **	0.009	0.047 **
	(2.577)	(1.599)	(2.384)	(0.236)	(2.403)
CONSTANT	7.102 ***	7.413 ***	6.603 ***	6.848 ***	8.164 ***
	(13.948)	(13.000)	(9.995)	(8.094)	(13.762)
Contorls	YES	YES	YES	YES	YES
INDUSTRY FE & YEAR FE	YES	YES	YES	YES	YES
Adjusted−R^2	0.331	0.329	0.336	0.351	0.271
N	2838	1470	1368	1108	1730

注: * 表示 $p<0.1$、** 表示 $p<0.05$、*** 表示 $p<0.01$,(1)~(5) 括号内的数据为 t 值。其中,稳括号中的 t 值经过异方差调整和稳健标准误是公司层面聚类调整后的值。

如（2）的回归结果所示，它表示较高财务报告质量公司样本中 CEO 组织认同（CEO_OI$_{i,t}$）与高管薪酬业绩敏感性关系的回归结果。在控制样本选择偏差后，息税前净利润与 CEO 组织认同交互项（EBIT$_{i,t}$×CEO_OI$_{i,t}$）与高管薪酬（PAY$_{i,t}$）存在统计上不显著的正相关关系（回归系数 = 0.029，t 值 = 1.599），表明在较高财务报告质量公司中 CEO 组织认同与高管薪酬业绩敏感性存在不显著的正相关关系。

如（3）的回归结果所示，它表示较低财务报告质量公司样本中 CEO 组织认同（CEO_OI$_{i,t}$）与高管薪酬业绩敏感性关系的回归结果。在控制样本选择偏差后，息税前净利润与 CEO 组织认同交互项（EBIT$_{i,t}$×CEO_OI$_{i,t}$）与高管薪酬（PAY$_{i,t}$）在 5%统计水平上存在显著正相关关系（回归系数 = 0.063，t 值 = 2.384），表明在较低财务报告质量公司中 CEO 组织认同显著增强了高管薪酬业绩敏感性。综合（2）和

（3）的回归结果，由此表明，相比于财务报告质量较高的公司，CEO 组织认同更能显著增强财务报告质量较低公司的高管薪酬业绩敏感性。

如（4）的回归结果所示，它表示较多分析师跟踪公司样本中 CEO 组织认同（$CEO\_OI_{i,t}$）与高管薪酬业绩敏感性关系的回归结果。在控制样本选择偏差后，息税前净利润与 CEO 组织认同交互项（$EBIT_{i,t} \times CEO\_OI_{i,t}$）与高管薪酬（$PAY_{i,t}$）存在统计水平上不显著的正相关关系（回归系数 = 0.009，t 值 = 0.236），表明在较多分析师跟踪的公司中 CEO 组织认同与高管薪酬业绩敏感性存在不显著的正相关关系。

如（5）的回归结果所示，它表示较少分析师跟踪公司样本中 CEO 组织认同（$CEO\_OI_{i,t}$）与高管薪酬业绩敏感性关系的回归结果。在控制样本选择偏差后，息税前净利润与 CEO 组织认同交互项（$EBIT_{i,t} \times CEO\_OI_{i,t}$）与高管薪酬（$PAY_{i,t}$）在 5% 统计水平上存在显著正相关关系（回归系数 = 0.047，t 值 = 2.403），表明在较少分析师跟踪的公司中 CEO 组织认同显著增强了高管薪酬业绩敏感性。综合（4）和（5）的回归结果，由此表明，相比于分析师跟踪较多的公司，CEO 组织认同更能显著增强分析师跟踪较少公司的高管薪酬业绩敏感性。

综上所述，在控制样本选择偏差后，本部分的研究结论依旧成立，以此验证本部分的研究发现是稳健的。即 CEO 组织认同显著增强了高管薪酬业绩敏感性。相比于财务报告质量较高的公司，CEO 组织认同更能显著增强财务报告质量较低公司的高管薪酬业绩敏感性。相比于分析师跟踪较多的公司，CEO 组织认同更能显著增强分析师跟踪较少公司的高管薪酬业绩敏感性。

4.4.4.2　替换公司业绩变量

参考方军雄（2009）、Chen 等（2012）的研究，本部分进一步选取按年度经行业中位数调整后资产收益率（$ROA_{i,t}$）作为公司业绩的替代变量。表 4-11 表示在替换公司业绩变量后 CEO 组织认同（$CEO\_OI_{i,t}$）与高管薪酬业绩敏感性关系的回归结果。其中，如（1）的回归结果所示，在替换公司业绩变量后，资产收益率与 CEO 组织认同交互项（$ROA_{i,t} \times CEO\_OI_{i,t}$）与高管薪酬（$PAY_{i,t}$）在 5% 统计水平上存在显著正相关关系（回归系数 = 1.025，t 值 = 1.992），表明

CEO 组织认同显著增强了高管薪酬业绩敏感性。

表 4-11　替换业绩变量后的回归结果

Variables	D. V. PAY$_{i,t}$				
	(1)	(2)	(3)	(4)	(5)
		财务报告质量		分析师跟踪	
	全样本	较高	较低	较多	较少
CEO_OI$_{i,t}$	0.051**	0.047*	0.055*	0.110***	0.037
	(2.143)	(1.795)	(1.781)	(2.745)	(1.306)
ROA$_{i,t}$	3.029***	3.367***	2.953***	3.569***	2.004***
	(7.407)	(6.110)	(5.733)	(5.086)	(4.064)
ROA$_{i,t}$×CEO_OI$_{i,t}$	1.025**	0.912	1.083*	0.112	0.993*
	(1.992)	(1.266)	(1.682)	(0.105)	(1.795)
CONSTANT	6.948***	7.265***	6.377***	6.519***	8.190***
	(14.874)	(13.746)	(10.735)	(7.638)	(15.663)
Controls	YES	YES	YES	YES	YES
Industry FE & Year FE	YES	YES	YES	YES	YES
Adjusted−R^2	0.327	0.325	0.337	0.342	0.263
N	3184	1604	1580	1168	2016

注：* 表示 $p<0.1$、** 表示 $p<0.05$、*** 表示 $p<0.01$，（1）～（5）括号内的数据为 t 值。其中，稳括号中的 t 值经过异方差调整和稳健标准误是公司层面聚类调整后的值。

　　如（2）的回归结果所示，它表示较高财务报告质量公司样本中 CEO 组织认同（CEO_OI$_{i,t}$）与高管薪酬业绩敏感性关系的回归结果。在替换公司业绩变量后，资产收益率与 CEO 组织认同交互项（ROA$_{i,t}$×CEO_OI$_{i,t}$）与高管薪酬（PAY$_{i,t}$）存在统计上不显著的正相关关系（回归系数 = 0.912，t 值 = 1.266），表明在较高财务报告质量公司中 CEO 组织认同与高管薪酬业绩敏感性存在不显著的正相关关系。

　　如（3）的回归结果所示，它表示较低财务报告质量公司样本中 CEO 组织认同（CEO_OI$_{i,t}$）与高管薪酬业绩敏感性关系的回归结果。在替换公司业绩变量后，资产收益率与 CEO 组织认同交互项（ROA$_{i,t}$×CEO_OI$_{i,t}$）与高管薪酬（PAY$_{i,t}$）在

10%统计水平上存在显著正相关关系（回归系数＝1.083，t 值＝1.682），表明在较低财务报告质量公司中 CEO 组织认同显著增强了高管薪酬业绩敏感性。综合（2）和（3）的回归结果，由此表明，相比于财务报告质量较高的公司，CEO 组织认同更能显著增强财务报告质量较低公司的高管薪酬业绩敏感性。

如（4）的回归结果所示，它表示较多分析师跟踪公司样本中 CEO 组织认同（CEO_$OI_{i,t}$）与高管薪酬业绩敏感性关系的回归结果。在替换公司业绩变量后，资产收益率与 CEO 组织认同交互项（$ROA_{i,t}$×CEO_$OI_{i,t}$）与高管薪酬（$PAY_{i,t}$）存在统计上不显著的正相关关系（回归系数＝0.112，t 值＝0.105），表明在较多分析师跟踪的公司中 CEO 组织认同与高管薪酬业绩敏感性存在不显著的正相关关系。

如（5）的回归结果所示，它表示较少分析师跟踪公司样本中 CEO 组织认同（CEO_$OI_{i,t}$）与高管薪酬业绩敏感性关系的回归结果。在替换公司业绩变量后，资产收益率与 CEO 组织认同交互项（$ROA_{i,t}$×CEO_$OI_{i,t}$）与高管薪酬（$PAY_{i,t}$）在 10%统计水平上存在显著正相关关系（回归系数＝0.993，t 值＝1.795），表明在较少分析师跟踪的公司中 CEO 组织认同显著增强了高管薪酬业绩敏感性。综合（4）和（5）的回归结果，由此表明，相比于分析师跟踪较多的公司，CEO 组织认同更能显著增强分析师跟踪较少公司的高管薪酬业绩敏感性。

综上所述，在替换公司业绩变量后，本部分的研究结论依旧成立，以此验证本部分的研究发现是稳健的。即 CEO 认同能够显著增强高管薪酬业绩敏感性。此外，相比于财务报告质量较高的公司，CEO 组织认同更能显著增强财务报告质量较低公司的高管薪酬业绩敏感性；相比于分析师跟踪较多的公司，CEO 组织认同更能显著增强分析师跟踪较少公司的高管薪酬业绩敏感性。

4.5　研究结论

薪酬业绩敏感性能够促使 CEO 按照公司利益行事（Jensen 和 Murphy，1990；

Core 等，1999；Conyon 和 He，2011；Ke 等，2012；Gao 和 Li，2015；Ke 等，2016）。但是，鉴于薪酬契约本身代理问题（Bebchuk 等，2002；Bebchuk 和 Fried，2003）、弱的公司治理机制（Core 等，1999；Firth 等，2007；张敏和姜付秀，2010；Conyon 和 He，2011）以及 CEO 风险规避（Mishra 等，2000）等因素的影响，以致薪酬业绩敏感性对 CEO 按照公司利益行事并不完全有效。然而，CEO 组织认同能克服这些不利影响，作为薪酬契约的一种互补机制，强化高管薪酬业绩敏感性，以此激励 CEO 按照公司利益行事。

因此，基于委托代理理论和组织认同理论的视角，以证监会中国上市公司内部控制问卷调查数据中"CEO 组织认同数据"为研究基础，本章选取了 2014～2016 年我国沪深 A 股上市公司的数据探讨了 CEO 组织认同与高管薪酬业绩敏感性关系。研究发现：①CEO 认同能够显著增强高管薪酬业绩敏感性。②相比于财务报告质量较好的公司，组织认同感越强的 CEO 更能显著增强财务报告质量较差的公司薪酬业绩敏感性。③相比于分析师跟踪较多的公司，组织认同感越强的 CEO 更能显著增强分析师跟踪较少的公司薪酬业绩敏感性。

总而言之，本章研究发现佐证了 CEO 组织认同能够抑制 CEO 的短视行为，显著增强高管薪酬业绩敏感性，激励 CEO 按照公司利益行事，进而在很大程度上能够提高 CEO 公司财务决策的效率和效果。所以，在薪酬契约无法有效激励 CEO 按照公司利益行事时，从 CEO 组织认同的视角去促使 CEO 按照公司利益行事显得尤为必要。因此，在现实中，企业应积极提升组织文化的建设，营造出良好的企业文化氛围，从而增强 CEO 在组织内部的认同感。另外，监管者应该加强 CEO 职业道德、技能素养等方面的培训，督促 CEO 组织认同感的提升。

第5章　CEO 组织认同与公司长期利益决策行为：基于创新投入视角

5.1　引言

创新在一国经济中起到举足轻重的作用，能够促进一国经济增长（Solow，1957）。这种论证尤其体现在新兴发展中的中国，具体地，中国经济得以蓬勃发展在很大程度上得益于创新（柳卸林等，2017）。根据国家统计局、科学技术部和财政部于 2018 年 10 月 9 日联合发布的《2017 年全国科技经费投入统计公报》，2017 年全国共投入研究与试验发展（R&D）经费达 17606.1 亿元，占国内生产总值比例为 2.13%。其中，企业创新投入占了全国研究与试验发展（R&D）经费比例的 77.59%。其中，相继涌现出华为、联想、腾讯等优秀的民族创新型企业。由此可见，企业创新在推动我国经济发展过程中起到了关键性的作用。党的十九大报告强调了创新驱动发展战略，着力加快科技创新，不断增强我国经济创新力与竞争力。这为企业创新提供了更宽松的发展环境。与此同时，企业创新也促使企业自身获得所属行业的竞争优势。因此，企业创新决策在公司财务决策中显得尤为重要。

实践中，经理人团队负责企业创新决策，尤其是作为经理人团队的核心成员，CEO 是企业创新决策的关键决策者（Barker 和 Mueller，2002）。但是，企业创新是一个漫长而又艰巨的过程，伴有很强的风险性和很高的不确定性。CEO 可能会削减或者不重视企业创新投入。一方面，现代公司中所有权与控制权分离导致了经理人和公司利益的不一致，以致两者之间信息不对称程度增加，与之相伴的代理问题变得越发严重。也就是说，以 CEO 为核心的经理人团队并不一定按照公司利益行事，可能更注重自身的自利性行为（比如在职消费），而放弃获得企业持续竞争优势的企业创新投入。虽然薪酬契约能够促使以 CEO 为核心的经理人团队利益与公司利益绑定在一起，但是薪酬契约主要与企业业绩挂钩，CEO 在很大程度上可能会通过盈余操纵的手段粉饰公司的财务业绩以满足薪酬合同的要求获取自身短期利益的最大化（Dechow 和 Skinner，2000；Jensen 和 Murphy，2012）。另一方面，迫于职业生涯的忧虑（Narayanan，1985）、公司被收购压力（Stein，1988）、噪声交易者（Shleifer 和 Vishny，1990）、机构投资者（Zwiebel，1995）等内在或者外在压力的影响，CEO 更愿意投资短期内 NPV 大于 0 的项目（Graham 等，2005），以此实现企业的短期利益，而放弃企业长期利益的实现，尤其是放弃企业创新投入，从而造成了 CEO 的短视行为（Myopia Behavior）。

事实上，CEO 对企业创新投入的短视行为主要源于其与公司之间的利益一致性问题，比如 CEO 迫于职业生涯的忧虑以及考虑薪酬激励计划（Manso，2011；Baranchuk 等，2014）。如果 CEO 与公司利益一致，即使是面对外界或者内在的诸多压力，CEO 在很大程度上会致力于获得行业内持续的竞争优势，加大企业的创新投入，以此促进企业长期价值的创造。虽然薪酬契约对 CEO 与公司利益绑定具有一定的促进作用，但是，薪酬契约对 CEO 按照公司利益行事的激励也存在不足。具体地，由于"自利性"的存在，CEO 在很大程度上可能会通过盈余操纵的手段粉饰公司的财务业绩以满足薪酬合同的要求获取自身利益的最大化（Dechow 和 Skinner，2000；Jensen 和 Murphy，2012），进而他可能会间接地助长 CEO 损害公司长期利益的盈余操纵行为。然而，基于心理学的视角，组织认同可能更能有效地促进 CEO 与公司利益的一致。第一，基于组织认同内涵视角，组织认同能够让 CEO 通过接受企业的使命、愿景与目标方式认同自己在企业中的角色（Davis 等，1997）。此时，如果有人批评他所在的公司，CEO 可能会感觉到批评公司就等于在批评自己（Mael 和 Ashforth，1992）。也就是，CEO 将自我完全融入企业中，以此与企业共"荣辱"。第二，基于委托代理成本视角，在委托代理成本模型中，嵌入组织认同因素能够降低 CEO 与股东之间的委托代理成本（Boivie 等，2011；Heinle 等，2012），促使组织认同度高的 CEO 与企业目标保持一致，并按照企业利益行事（Akerlof 和 Kranton，2000，2005，2008；Heinle 等，2012）。所以，CEO 组织认同越高，CEO 与公司利益绑定程度越高，此时，他可能更注重企业创新投入，以此促进企业长期利益的实现。

　　综上所述，在薪酬契约不能很好地激励 CEO 按照公司利益行事情况下，基于心理学视角的 CEO 组织认同为激励 CEO 注重企业长期利益的创造提供了新的思路。因此，基于委托代理理论和组织认同理论的视角，以证监会中国上市公司内部控制问卷调查数据中"CEO 组织认同数据"为研究基础，本章选取了 2014~2016 年我国沪深 A 股上市公司的数据探讨了 CEO 组织认同与企业创新投入的关系。研究发现，CEO 组织认同显著促进了企业创新投入的增加，而且这种关系在较多分析师跟踪、较多机构投资者持股的公司中更显著。由此表明，在企业正常经营中，组织认同感强的 CEO 会更注重企业创新投入，这不仅能够获得行业内竞争优势，而且在很大程度上能够促进企业长期利益的实现。总体来看，这产生了 CEO 在公司财务决策上的"远视行为"。此外，本书在进行了一系列稳健性检验后结论依旧成立。基于此，本章进一步考虑了企业创新投入的持续性，企业创新投入行业差异的情境。研究发现，组织认同感越强的 CEO 会持续促进企业创新投入的增加以及相比于较高创新投入的行业公司，组织认同感强的 CEO 会削减较低创新投入行业公司的创新投入。进一步表明，组织认同感强的 CEO 充分将自己与企业利益绑定在一起，注重企业创新投入的持续性以及根据实际情况作出合理的企业创新决策。因此，本章的研究对改善公司财务决策效果、提升公司财务决策效率具有一定的政策借鉴意义。

5.2　理论分析与研究假设

企业创新不仅促使企业获得所在行业的竞争优势，而且在很大程度上能够促进一国经济的增长（Solow，1957）。以往研究表明，CEO 对企业创新决策产生重要的影响（Barker 和 Mueller，2002；Baranchuk 等，2014；Chen 等，2015）。比如，年轻的、拥有期权的、具有营销/工程/研发经验（Barker 和 Mueller，2002），更长 CEO 期权的行权期限（Baranchuk 等，2014），以及较强执业能力的（Chen 等，2015）CEO 会显著增加企业创新项目投入。但是，企业创新项目具有风险性、不可预期性、长期和多阶段性、劳动密集型以及特质性的特点，进而设计出对经理人有效的薪酬契约合同显得尤为重要（Holmstrom，1989）。薪酬契约旨在激励经理人按照公司的利益行事，基于管理层权力视角，如果 CEO 的权力足够大，他将有权力影响董事会对经理人团队薪酬激励计划的制定，并利用自己的权力进行寻租，以致损害公司的利益（Bebchuk 等，2002）。其次，基于薪酬契约设计视角，以往的薪酬契约主要与企业经营业绩挂钩，一方面，如果短期内的企业经营业绩较差，CEO 很可能被惩罚以此仅仅获得较低的报酬，甚至被迫辞职（Manso，2011），由此，CEO 会更注重企业短期利益的创造，而放弃公司长期价值的实现。另一方面，由于"自利性"的存在，CEO 在很大程度上会通过盈余操纵的手段粉饰公司的财务业绩以满足薪酬合同的要求获取自身利益的最大化（Dechow 和 Skinner，2000；Jensen 和 Murphy，2012），以致损害公司利益。因此，传统的薪酬契约在激励 CEO 按照公司利益行事并不有效，以致很大程度上削弱 CEO 对企业创新项目的投入。

如何有效发挥薪酬契约对 CEO 按照公司利益行事增加企业创新投入的激励作用？一方面，最优的创新激励薪酬契约应该容忍早期创新项目的失败、褒奖因企业创新项目成功的 CEO，与此同时，股东也应保证 CEO 在企业创新项目运营过程中职业的稳定性（Manso，2011）。另一方面，最优的创新激励薪酬契约也应该延长 CEO 期权的行权期限，以抑制 CEO 短视行为（Baranchuk 等，2014）。但是，相对于非上市公司，上市公司会受到资本市场的压力，为迎合投资者的利益以及向投资者释放更多的公司层面好消息，在很大程度上会选择传统的已开发出的创新项目，而放弃未开发的前沿性创新项目（Ferreira 等，2012）。由此，从改进后的薪酬契约角度去激励 CEO 按照公司利益行事来增加企业创新投入也存在一定的不足。

然而，虽然从薪酬契约角度无法有效促使 CEO 按照公司利益行事，但是，当传统的委托代理模型嵌入 CEO 组织认同影响因素后，这可能更有效地激励 CEO 按照公司利益行事，尤其是注重企业长期利益创造的企业创新投入。在传统的委托代理模型中，经理人的偏好是固定的，其效用主要取决于能用货币计量的变量（Akerlof 和 Kranton，2005）。但现实中，经理人的偏好是变动的，也会显著影响到其所能获得的经济效用，从而对企业运营产生重大影响。CEO 的组织认同感就是经理人偏好的重要的变动性变量。它很难采用金钱去衡量，但的确会显著影响企业的经济产出（Akerlof 和 Kranton，2005，2008，2010）。

一方面，基于组织认同内涵角度，组织认同能够让 CEO 通过接受企业的使命、愿景与目标方式认同自己在企业中的角色（Davis 等，1997）。CEO 的组织认同感加剧了将自身的利益与企业的利益绑定在一起（Mael 和 Ashforth，1992；汤晓建和林斌，2018）。此时，当企业饱受批评时，组织认同度高的 CEO 会感到尴尬；当企业受到褒扬时，组织认同度高的 CEO 会感到欣喜，而且公司的成功被看成是自己的成功（Mael 和 Ashforth，1992；汤晓建和林斌，2018）。也就是说，CEO 将自我完全融入企业中，以此与企业共"荣辱"。另一方面，基于委托代理成本视角，在委托代理成本模型中，嵌入组织认同因素能够降低 CEO 与股东之间的委托代理成本（Boivie 等，2011；Heinle 等，2012），促使组织认同度高的 CEO 与企业目标保持一致，并按照企业利益行事（Akerlof 和 Kranton，2000，2005，2008，Heinle 等，2012）。具体地，组织认同度高的 CEO 不会在公司业绩"低迷"时增加自己的薪酬补偿部分（Boivie 等，2011），以及不会只注重与自己切身利益相关的公司短期利益（Heinle 等，2012）。因此，在委托代理模型中嵌入 CEO 的组织认同能够弥补薪酬契约对企业创新投入激励的不足。也就是说，组织认同感越高的 CEO 在公司财务决策上越能展现出长远的眼光，尤其注重企业创新项目的投入，促进企业长期价值的实现。据此，本章提出第一个假设：

假设 H1：在限定条件下，CEO 组织认同与企业创新投入存在显著正相关关系。

企业创新项目投入是一个长期的过程，与之相伴的是未来项目的不可预期性和风险性，以致有较高失败的可能（Holmstrom 等，1989）。当 CEO 做出企业创新投入决策后，CEO 会定期向投资者披露与企业创新项目相关的信息。但是，代理问题的存在使 CEO 与投资者之间存在信息不对称问题，以致两者之间信息沟通成本较大。此时，作为资本市场信息中介之一的金融分析师对降低 CEO 与投资者有关创新项目之间的信息不对称程度起到了至关重要的作用。通过对目标上市公司创新项目的走访调研以及结合自己在金融分析领域的专业知识，向投资者发布专业的研究报告，并向投资者做出相关的业绩预测和发布相关的股票购买意见。由此可见，分析师对企业创新项目的关注起到了信息中介的作用。

"信息中介"假设认为，分析师通过向投资者发布专业的研究报告、业绩预测和股票购买意见，能够有效降低 CEO 与投资者之间有关企业创新项目的信息不对称程度，抑制 CEO 短视行为，从而能够有力地促进企业创新投入（Barth 等，2001；徐欣和唐清泉，2010；余明桂等，2017；陈钦源等，2017）。但是，金融分析师都是对企业短期业绩进行预测（Brennan 等，1993；Hong 等，2000），这会给 CEO 造成短期的市场压力。为了迎合金融分析师的短期业绩预测，CEO 在很大程度上会削减以长期利益为导向的企业创新投入，而更注重企业短期价值的创造。由此，"市场压力"假设认为，金融分析师给 CEO 强加了短期的市场压力，加剧了 CEO 的短视行为，从而抑制了企业创新投入（He 和 Tian，2013）。因此，有关金融分析师关注对企业创新投入的影响存在以上两种对立的观点。

然而，在传统的委托代理模型中，嵌入 CEO 组织认同的因素能够显著降低其与股东之间的代理成本（Boivie 等，2011；Heinle 等，2012），以此促进 CEO 做出符合公司利益需求的企业创新决策。也就是说，组织认同感越强的 CEO 会抑制其短视行为。由此，在 CEO 组织认同感的情境下，金融分析师在很大程度上能够发挥"信息中介"的功能。即分析师跟踪人数的增加能够显著加剧 CEO 组织认同感对企业创新投入的影响。据此，本章提出第二个假设：

假设 H2：在限定条件下，分析师跟踪人数会显著加剧 CEO 组织认同与企业创新投入存在正相关关系。

机构投资者在资本市场资源配置过程中起到了重要的作用（Chen 等，2007；An 和 Zhang，2013）。理论上存在两种有关机构投资者持股与企业创新的对立观点。一方面，"市场压力"假说认为，机构投资者逐利的本性促使他们更关注目标公司的短期经营业绩，从而给 CEO 产生短期业绩的压力，以致其产生短视行为，从而削弱了其对企业创新项目的投入（Porter，1992；Kaplan 和 Minton，2006）。事实上，为了激励 CEO 加大企业创新项目的投入，股东应该容忍早期创新项目的失败、褒奖因企业创新项目成功的 CEO，与此同时，股东也应保证 CEO 在企业创新项目运营过程中职业的稳定性（Manso，2011）。但是机构投资者的逐利本性会促使 CEO 产生创新决策上的短视行为，从而阻碍企业创新投入。

另一方面，"监督假说"认为，机构投资者能够起到监督经理人行为的作用（Chen 等，2007；An 和 Zhang，2013），降低经理人与股东之间的代理成本，以此促使经理人按照公司利益行事，进而会抑制经理人公司财务决策上的短视行为。具体地，机构投资者持股会促使 CEO 做出有效的创新投资决策，从而促进企业创新项目的投入（Wahal 和 McConnell，2000；Aghion 等，2013）。因此，有关机构投资者持股对企业创新投入的影响存在以上两种对立的观点。然而，在传统的委托代理模型中，嵌入 CEO 组织认同的因素能够显著降低其与股东之间的代理成本（Boivie 等，2011；Heinle 等，2012），以此促进了 CEO 做出符合公司利益需求的企业创新决策。也就是说，组织认同感越强的 CEO 会抑制其短视行为。由此，在 CEO 组织认同感的情境下，机构投资者持股在很大程度上能够发挥"监督假说"的功能。即机构投资者持股比例能够显著加剧 CEO 组织认同感对企业创新投入的影响。据此，本章提出第三个假设：

假设 H3：在限定条件下，机构投资者持股比例会显著加剧 CEO 组织认同与企业创新投入存在正相关关系。

5.3 研究设计

5.3.1 数据来源

本章的 CEO 组织认同数据来自证监会中国上市公司内部控制问卷调查数据库。有关证监会中国上市公司内部控制问卷调查数据库介绍如下:

为了做好上市公司内部控制调研工作,证监会上市部牵头组建了证监会上市公司内控调研工作组,由证监会会计部、中国上市公司协会、上海证券交易所、深圳证券交易所、内控专业咨询机构深圳迪博公司和中山大学内部控制研究中心等成员单位组成。证监会上市公司内控工作组综合定性和定量、典型案例研究和大样本研究的方法,组织召开座谈会,向上市公司、会计师事务所和机构投资者发放问卷调查,深入公司现场实地访谈。

在证监会上市部的组织下,经过长达一年的准备,通过多次反复修改和论证,内控调研工作组设计了一整套内部控制调查问卷。内控调研工作组于 2014 年 9 月 5 日,通过上海证券交易所、深圳证券交易所、证监会会计部、中国证券投资基金业协会,分别向 A 股上市公司、具有证券期货执业资格的会计师事务所、机构投资者发放调查问卷。2014 年 10 月 10 日,内控调研工作组召开调查问卷研讨会,分析问卷回收情况,落实调查问卷工作。截至 2014 年 10 月 31 日,共回收 2274 套调查问卷(12730 份),总体回收率为 80.61%。

基于证监会中国上市公司问卷调查数据库中的 CEO 组织认同数据,假定 CEO 组织认同在短期内保持不变,所以,本章选取了 2014~2016 年我国 A 股上市公司的样本数据。具体地,我们根据如下原则进行数据选取:①样本剔除了研究期间内 CEO 离职的公司。②剔除缺失值的公司。③剔除金融类企业的公司。

④为了消除 IPO 的影响，剔除上市不足 1 年的公司。⑤考虑到刚入职不久的 CEO 的组织认同感并不能反映其真实情况，剔除了 CEO 任期不足 2 年的公司。另外，由于问卷是 2014 年下半年调研完成的，如果 CEO 在 2014 年以后离职了所在公司，那么，我们进一步剔除了该 CEO 离职后的样本数据。最终得到 2014～2016 年 3298 家样本公司。为了降低异常值的影响，本章对连续变量在 1%～99% 分位数水平上进行了 Winsorize 处理。此外，本章企业创新投入数据来自中国研究数据服务平台（CNRDS）、机构投资者持股数据来自 WIND 数据库、财务及其他数据来自 CSMAR 数据库。

5.3.2　变量定义

5.3.2.1　被解释变量

借鉴 Mukherjee 等（2017）的研究，本部分选取研发投入与营业收入的比值作为被解释变量——企业创新投入（$R\&D_{i,t}$）的替代变量。其中，如果公司未披露研发投入，则取值为 0。

5.3.2.2　解释变量

本部分的解释变量为 CEO 组织认同（CEO_OI）。该数据来源于证监会中国上市公司问卷调查数据库中组织认同量表。其中，该量表参考了 Mael 和 Ashforth（1992）的研究方法。若 CEO 填写表 5-1，取值范围为 1～5，1 表示完全不符合、2 表示部分符合、3 表示一般、4 表示符合、5 表示完全符合；否则为缺失值。然后，对应加总每一位 CEO 的组织认同度测度得分取平均值，分值越高，其组织认同度就越高。其数值越大，CEO 所对应的组织认同感就越强。为了消除量纲的影响，本文对 CEO 组织认同分别进行了中心化处理。

表 5-1　组织认同量表

我认为以下陈述	完全不符合	部分符合	一般	符合	完全符合
当有人批评我的公司时，我感觉就像在批评自己一样					
我很想知道其他人是怎么看待我的公司的					

我认为以下陈述	完全不符合	部分符合	一般	符合	完全符合
我经常用"我们……"来描述我的公司的情况，而不是用"他们……"					
我认为，我的公司的成功就是我的成功					
当有人赞扬我的公司时，我感觉这也是对我个人的赞扬					
假如我的公司因某件事被媒体批评，我会感觉很尴尬					

注：请根据您所在公司和您个人的实际情况，在相应的空格画"√"。

5.3.2.3 调节变量

（1）分析师跟踪变量。

本部分的分析师跟踪变量为分析师跟踪数虚拟变量（$ANALYSFD_{i,t}$）。其中，分析师跟踪数（$ANALYSF_{i,t}$）为分析师团队跟踪数。如果分析师跟踪数大于等于其均值，取值为1；否则，取值为0。

（2）机构投资者持股变量。

本部分的机构投资者持股变量为机构投资者持股比例虚拟变量（$INSD_{i,t}$）。机构投资者持股比例（$INS_{i,t}$）为机构投资者持股比例与公司发行在外普通股总股数比值。如果机构投资者持股比例大于等于其均值，取值为1；否则，取值为0。

5.3.2.4 控制变量

借鉴以往研究（徐欣和唐清泉，2010；Lin 等，2011；李文贵和余明桂，2015；Mukherjee 等，2017；Jiang 和 Yuan，2018），本部分分别选取以下控制变量：①成长性（$GROWTH_{i,t}$），其值等于营业收入增长率。②公司规模（$SIZE_{i,t}$），其值等于当期期末资产取对数后的值。③资产负债率（$LEV_{i,t}$），其值等于公司负债总额与资产总额比值。④破产风险值（$Z\text{-}SCORE_{i,t}$），参考 Altman（1968）计算得出。其值越小，公司破产可能性越大。⑤公司亏损（$LOSS_{i,t}$），如果公司当年净利润小于0，取值为1，表明公司亏损；否则，取值为0。⑥资产收益率（$ROA_{i,t}$），其值等于净利润/资产总额。⑦账面市价比（$BM_{i,t}$），其值等于账面价值/市场价值。⑧是否"四大"审计（BIG4$_{i,t}$），如果公司财务报表为"四大"审计，取值为 1；否则，取值为 0。⑨上一期审计意见（OPINION$_{i,t-1}$），如果公司上一期财务报表被审计师出具非标准审计意见，取值为 1；否则，取值为 0。⑩内部控制缺陷（ICW$_{i,t}$），如果管理层内部控制自我评价报告披露内部控制缺陷（包括财务报告或者非财务报告的重大缺陷、重要缺陷或者一般缺陷），取值为 1；否则，取值为 0。⑪第一大股东持股比例（LARGESHAH$_{i,t}$），其值等于第一大股东持股比例与公司发行在外普通股总股数比值。⑫企业性质（SOE$_{i,t}$），如果公司为国有控股，取值为 1；如果公司为非国有控股，取值为 0。⑬企业上市持续年限（AGE$_{i,t}$）。具体变量定义如表 5-2 所示。本部分通过行业和年份虚拟变量控制了行业和年份固定效应。

表 5-2 变量定义

变量	变量定义
研发投入变量	
R&D$_{i,t}$	其值等于研发投入/营业收入
CEO 组织认同变量	
CEO_OI$_{i,t}$	取自证监会 2014 年中国上市公司问卷调查数据库中组织认同量表，由量表中对应 6 项指标加总取均值后得出的数值。该数值取值范围为 [1, 5]。其数值越大，CEO 所对应的组织认同感就越强
分析师跟踪变量	
ANALYSF$_{i,t}$	分析师跟踪数。其值等于分析师团队跟踪数
ANALYSFD$_{i,t}$	分析师跟踪数虚拟变量。如果分析师跟踪数大于等于其均值，取值为 1；否则，取值为 0
机构投资者持股变量	
INS$_{i,t}$	机构投资者持股比例。其值等于机构投资者持股比例与公司发行在外普通股总股数比值
INSD$_{i,t}$	机构投资者持股比例虚拟变量。如果机构投资者持股比例大于等于其均值，取值为 1；否则，取值为 0
控制变量	
GROWTH$_{i,t}$	成长性。其值等于营业收入增长率
SIZE$_{i,t}$	公司规模。其值等于当期期末资产取对数后的值
LEV$_{i,t}$	资产负债率。其值等于公司负债总额与资产总额比值

变量	变量定义
$Z\text{-}SCORE_{i,t}$	破产风险值。参考 Altman（1968）计算得出。其值越小，公司破产可能性越大
$LOSS_{i,t}$	公司亏损。如果公司当年净利润小于 0，取值为 1，表明公司亏损；否则，取值为 0
$ROA_{i,t}$	资产收益率。其值等于净利润/资产总额
$BM_{i,t}$	账面市价比。其值等于账面价值/市场价值
$BIG4_{i,t}$	是否"四大"审计。如果公司财务报表为"四大"审计，取值为 1；否则，取值为 0
$OPINION_{i,t-1}$	上一期审计意见。如果公司上一期财务报表被审计师出具非标准审计意见，取值为 1；否则，取值为 0
$ICW_{i,t}$	内部控制缺陷。如果管理层内部控制自我评价报告披露内部控制缺陷（包括财务报告或者非财务报告的重大缺陷、重要缺陷或者一般缺陷），取值为 1；否则，取值为 0
$LARGESHAH_{i,t}$	第一大股东持股比例。其值等于第一大股东持股比例与公司发行在外普通股总股数比值
$SOE_{i,t}$	企业性质。如果公司为国有控股，取值为 1；如果公司为非国有控股，取值为 0
$AGE_{i,t}$	企业上市持续年限

5.3.3 模型设定

参考徐欣和唐清泉（2010）、Lin 等（2011）、李文贵和余明桂（2015）、Mukherjee 等（2017）、Jiang 和 Yuan（2018）的研究，为了验证假设 H1，我们构建了检验模型（5-1）：

$$R\&D_{i,t} = \alpha_0 + \alpha_1 CEO\_OI_{i,t} + \alpha_2 GROWTH_{i,t} + \alpha_3 SIZE_{i,t} + \alpha_4 LEV_{i,t} + \alpha_5 Z\text{-}SCORE_{i,t} +$$
$$\alpha_6 LOSS_{i,t} + \alpha_7 ROA_{i,t} + \alpha_8 BM_{i,t} + \alpha_9 BIG4_{i,t} + \alpha_{10} OPINION_{i,t-1} + \alpha_{11} ICW_{i,t} +$$
$$\alpha_{12} LARGESHAH_{i,t} + \alpha_{13} SOE_{i,t} + \alpha_{14} AGE_{i,t} + INDUSTRY + YEAR + \varepsilon \qquad (5\text{-}1)$$

其中，如果 α_1 为正值，且在统计上显著，则表明组织认同感强的 CEO 显著促进了企业创新投入的增加。

为了验证假设 H2，我们构建了模型（5-2）：

$$R\&D_{i,t} = \alpha_0 + \alpha_1 CEO\_OI_{i,t} + \alpha_2 ANALYSFD_{i,t} + \alpha_3 CEO\_OI_{i,t} \times ANALYSFD_{i,t} +$$
$$\alpha_4 GROWTH_{i,t} + \alpha_5 SIZE_{i,t} + \alpha_6 LEV_{i,t} + \alpha_7 Z\text{-}SCORE_{i,t} + \alpha_8 LOSS_{i,t} + \alpha_9 ROA_{i,t} + \alpha_{10} BM_{i,t} +$$
$$\alpha_{11} BIG4_{i,t} + \alpha_{12} OPINION_{i,t-1} + \alpha_{13} ICW_{i,t} + \alpha_{14} LARGESHAH_{i,t} + \alpha_{15} SOE_{i,t} + \alpha_{16} AGE_{i,t} + IN\text{-}$$
$$DUSTRY + YEAR + \varepsilon \qquad (5\text{-}2)$$

其中，如果 α_3 为正值，且在统计上显著，则表明分析师跟踪人数会显著加剧 CEO 组织认同对企业创新投入正向影响。

为了验证假设 H3，我们构建了模型（5-3）：

$$R\&D_{i,t} = \alpha_0 + \alpha_1 CEO\_OI_{i,t} + \alpha_2 INSD_{i,t} + \alpha_3 CEO\_OI_{i,t} {}^* INSD_{i,t} + \alpha_4 GROWTH_{i,t} +$$
$$\alpha_5 SIZE_{i,t} + \alpha_6 LEV_{i,t} + \alpha_7 Z - SCORE_{i,t} + \alpha_8 LOSS_{i,t} + \alpha_9 ROA_{i,t} + \alpha_{10} BM_{i,t} + \alpha_{11} BIG4_{i,t} +$$
$$\alpha_{12} OPINION_{i,t-1} + \alpha_{13} ICW_{i,t} + \alpha_{14} LARGESHAH_{i,t} + \alpha_{15} SOE_{i,t} + \alpha_{16} AGE_{i,t} + INDUSTRY +$$
$$YEAR + \varepsilon \tag{5-3}$$

其中，如果 α_3 为正值，且在统计上显著，则表明机构投资者持股比例会显著加剧 CEO 组织认同对企业创新投入正向影响。

5.4　实证结果讨论与分析

5.4.1　描述性统计结果分析

表 5-3 表示本部分使用变量的描述性统计结果。其中，$R\&D_{i,t}$ 均值为 0.033。未中心化后的 $CEO\_OI_{i,t}$ 均值为 4.269，表明样本公司 CEO 的组织认同感存在正态分布右偏的倾向，以此反映研究中的样本公司 CEO 的组织认同感普遍较高。$ANALYSF_{i,t}$ 均值为 7.232，表明样本公司中一家公司至少有 7 个分析师团队跟踪进行盈余预测。$INS_{i,t}$ 均值为 0.407，表明样本公司中被机构投资者持股的平均比例为 40.7%。

表 5-3　描述性统计结果

Variable	N	Mean	Median	Std. Dev.	Min	Max
$R\&D_{i,t}$	3298	0.033	0.025	0.043	0.000	0.242
$CEO\_OI_{i,t}$	3298	4.269	4.333	0.636	1.000	5.000

续表

Variable	N	Mean	Median	Std. Dev.	Min	Max
$ANALYSF_{i,t}$	3298	7.232	5.000	7.733	0.000	55.000
$ANALYSFD_{i,t}$	3298	0.371	0.000	0.483	0.000	1.000
$INS_{i,t}$	3298	0.407	0.419	0.223	0.010	0.864
$INSD_{i,t}$	3298	0.516	1.000	0.500	0.000	1.000
$GROWTH_{i,t}$	3298	0.452	0.157	1.238	-0.615	9.472
$SIZE_{i,t}$	3298	22.167	22.031	1.143	19.951	25.660
$LEV_{i,t}$	3298	0.415	0.403	0.200	0.056	0.859
$Z\text{-}SCORE_{i,t}$	3298	8.550	4.761	11.825	0.562	81.774
$LOSS_{i,t}$	3298	0.085	0.000	0.279	0.000	1.000
$ROA_{i,t}$	3298	0.044	0.041	0.042	-0.100	0.176
$BM_{i,t}$	3298	0.696	0.475	0.667	0.066	3.585
$BIG4_{i,t}$	3298	0.045	0.000	0.208	0.000	1.000
$OPINION_{i,t-1}$	3298	0.016	0.000	0.127	0.000	1.000
$ICW_{i,t}$	3298	0.134	0.000	0.341	0.000	1.000
$LARGESHAH_{i,t}$	3298	0.246	0.220	0.175	0.010	0.689
$SOE_{i,t}$	3298	0.338	0.000	0.473	0.000	1.000
$AGE_{i,t}$	3298	10.238	8.000	6.418	2.000	26.000

另外，$GROWTH_{i,t}$ 均值为 0.452，$SIZE_{i,t}$ 均值为 22.167，$LEV_{i,t}$ 均值为 0.415，$Z\text{-}SCORE_{i,t}$ 均值为 8.550，$ROA_{i,t}$ 均值为 0.044，$BM_{i,t}$ 均值为 0.696，$LARGESHAH_{i,t}$ 均值为 0.246，$AGE_{i,t}$ 均值为 10.238。最后，$LOSS_{i,t}$ 均值为 0.085，表明亏损公司占总样本公司数的 8.5%；$BIG4_{i,t}$ 均值为 0.045，表明被"四大"审计的公司占总样本公司数的 4.5%；$OPINION_{i,t-1}$ 均值为 0.016，表明上一期收到非标准审计意见的公司占总样本数的 1.6%；$ICW_{i,t}$ 均值为 0.134，表明有 13.4%的样本公司存在内部控制缺陷；$SOE_{i,t}$ 均值为 0.338，表明国有控股公司占比为 33.8%，民营控股公司占比为 66.2%。

表 5-4　相关性分析

Variable	(1)	(2)	(3)	(4)	(5)	(6)	(7)	(8)	(9)	(10)	(11)	(12)	(13)	(14)	(15)	(16)
$R\&D_{i,t}$	1															
$CEO\_OI_{i,t}$	0.051***	1														
$ANALYSFD_{i,t}$	0.096***	0.040**	1													
$INSD_{i,t}$	-0.135***	-0.012	0.047***	1												
$GROWTH_{i,t}$	0.012	0.016	-0.054***	-0.016	1											
$SIZE_{i,t}$	-0.234***	-0.004	0.258***	0.267***	0.005	1										
$LEV_{i,t}$	-0.324***	-0.024	-0.054***	0.149***	0.085***	0.505***	1									
$Z\text{-}SCORE_{i,t}$	0.350***	0.007	-0.016	-0.131***	-0.016	-0.430***	-0.587***	1								
$LOSS_{i,t}$	-0.021	-0.031*	-0.171***	-0.019	-0.017	-0.070***	0.175***	-0.044**	1							
$ROA_{i,t}$	0.001	0.032*	0.377***	0.035*	-0.020	0.068***	-0.246***	0.131***	-0.571***	1						
$BM_{i,t}$	-0.293***	-0.014	-0.018	0.201***	0.028	0.703***	0.611***	-0.392***	0.059***	-0.176***	1					
$BIG4_{i,t}$	-0.053***	-0.035*	0.117***	0.146***	-0.035*	0.345***	0.101***	-0.086***	-0.030	0.059***	0.187***	1				
$OPINION_{i,t-1}$	0.011	0.002	-0.084***	-0.033*	0.021	-0.084***	0.092***	0.016	0.106***	-0.061***	-0.015	-0.005	1			
$ICW_{i,t}$	-0.038**	0.014	-0.053***	0.004	0.001	0.004	0.046***	-0.029*	0.103***	-0.095***	0.022	-0.013	0.047***	1		
$LARGESHAH_{i,t}$	-0.184***	-0.034**	-0.041**	0.697***	-0.009	0.283***	0.189***	-0.140***	0.031*	-0.026	0.271***	0.172***	-0.021	0.051***	1	
$SOE_{i,t}$	-0.227***	-0.023	-0.124***	0.296***	0.024	0.301***	0.278***	-0.221***	0.072***	-0.113***	0.343***	0.126***	0.004	0.074***	0.348***	1
$AGE_{i,t}$	-0.316***	-0.009	-0.179***	0.164***	0.101***	0.306***	0.355***	-0.204***	0.105***	-0.097***	0.306***	0.081***	0.056***	0.110***	0.210***	0.472***

注: N=3298，* 表示 p<0.1，** 表示 p<0.05，*** 表示 p<0.01。

5.4.2 相关性分析

表 5-4 表示本部分使用变量的相关性分析结果。其中，$CEO\_OI_{i,t}$ 与 $R\&D_{i,t}$ 在 1%统计水平上存在显著正相关关系，初步表明，组织认同感强的 CEO 显著促进企业创新投入的增加。$ANALYSFD_{i,t}$ 与 $R\&D_{i,t}$ 在 1%统计水平上存在显著正相关关系，表明分析师跟踪会显著促进企业创新投入增加。$INSD_{i,t}$ 与 $R\&D_{i,t}$ 在 1%统计水平上存在显著负相关关系，表明机构投资者持股会显著降低企业创新投入。

5.4.3 回归结果分析

表 5-5 表示 CEO 组织认同（$CEO\_OI_{i,t}$）与企业创新投入（$R\&D_{i,t}$）关系的回归结果。其中，如（1）的回归结果所示，在不控制任何控制变量的情况下，CEO 组织认同（$CEO\_OI_{i,t}$）与企业创新投入（$R\&D_{i,t}$）在 5%统计水平上存在显著正相关关系（回归系数 = 0.003，t 值 = 2.02）。如（2）的回归结果所示，在仅控制行业和年度的情况下，CEO 组织认同（$CEO\_OI_{i,t}$）与企业创新投入（$R\&D_{i,t}$）在 5%统计水平上存在显著正相关关系（回归系数 = 0.003，t 值 = 2.31）。初步表明，组织认同感强的 CEO 会显著提高企业创新投入。如（3）的回归结果所示，在控制影响企业创新投入相关控制变量后，CEO 组织认同（$CEO\_OI_{i,t}$）与企业创新投入（$R\&D_{i,t}$）在 1%统计水平上存在显著正相关关系（回归系数 = 0.003，t 值 = 2.60），由此表明，组织认同感强的 CEO 会显著提高企业创新投入，从而支持了假设 H1。

表 5-5 回归结果

变量	D. V. $R\&D_{i,t}$		
	(1)	(2)	(3)
$CEO\_OI_{i,t}$	0.003**	0.003**	0.003***
	(2.02)	(2.31)	(2.60)
CONSTANT	0.033***	0.001	0.009
	(29.85)	(0.37)	(0.39)

续表

变量	D. V. R&D$_{i,t}$		
	（1）	（2）	（3）
Controls	NO	NO	YES
INDUSTRY FE	NO	YES	YES
YEAR FE	NO	YES	YES
Adjusted-R^2	0.002	0.390	0.455
N	3298	3298	3298

注：＊表示 p<0.1、＊＊表示 p<0.05、＊＊＊表示 p<0.01，（1）～（3）括号内的数据为 t 值。其中，稳括号中的 t 值经过异方差调整和稳健标准误是公司层面聚类调整后的值。

表 5-6 表示考虑分析师跟踪/机构投资者持股情境后 CEO 组织认同（CEO_OI$_{i,t}$）与企业创新投入（R&D$_{i,t}$）关系的回归结果。其中，如（1）的回归结果所示，在控制影响企业创新投入相关控制变量后，CEO 组织认同和分析师跟踪交互项（CEO_OI$_{i,t}$×ANALYSFD$_{i,t}$）与企业创新投入（R&D$_{i,t}$）在 5% 统计水平上存在显著正相关关系（回归系数＝0.005，t 值＝2.04），由此表明，相比于分析师跟踪人数少的公司，CEO 组织认同感会显著促进分析师跟踪人数较多公司的企业创新投入的增加，从而支持了假设 H2。此外，如（2）的回归结果所示，在控制影响企业创新投入相关控制变量后，CEO 组织认同和机构投资者持股交互项（CEO_OI$_{i,t}$×INSD$_{i,t}$）与企业创新投入（R&D$_{i,t}$）在 10% 统计水平上存在显著正相关关系（回归系数＝0.004，t 值＝1.73），由此表明，相比于机构投资者持股较少的公司，CEO 组织认同感会显著促进机构投资者持股较多公司的企业创新投入的增加，从而支持了假设 H3。

表 5-6　分析师跟踪/机构投资者持股情境

变量	D. V. R&D$_{i,t}$	
	（1）	（2）
CEO_OI$_{i,t}$	0.002 （1.12）	0.001 （0.74）

续表

变量	D. V. R&D$_{i,t}$	
	（1）	（2）
ANALYSFD$_{i,t}$	0.006*** (3.61)	—
CEO_ OI$_{i,t}$×ANALYSFD$_{i,t}$	0.005** (2.04)	—
INSD$_{i,t}$	—	0.002 (1.11)
CEO_ OI$_{i,t}$×INSD$_{i,t}$	—	0.004* (1.73)
CONSTANT	0.032 (1.30)	0.010 (0.44)
Controls	YES	YES
INDUSTRY FE & YEAR FE	YES	YES
Adjusted-R^2	0.459	0.455
N	3298	3298

注：*表示 p<0.1、**表示 p<0.05、***表示 p<0.01，（1）～（2）括号内的数据为 t 值。其中，稳括号中的 t 值经过异方差调整和稳健标准误是公司层面聚类调整后的值。

综上所述，在委托代理模型中嵌入 CEO 组织认同因素后，组织认同感 CEO 越强，抑制了其与股东之间的代理成本，越可能按照企业利益行事。此时，组织认同感越强的 CEO 会注重企业长期价值的实现，尤其关注企业创新投入。所以，在企业长期利益的驱使下，组织认同感越强的 CEO 能够显著促进企业创新投入的增加。此外，相比于分析师跟踪人数少的公司，CEO 组织认同感会显著促进分析师跟踪人数较多公司的企业创新投入的增加；相比于机构投资者持股较少的公司，CEO 组织认同感会显著促进机构投资者持股较多公司的企业创新投入的增加。

5.4.4 稳健性检验

5.4.4.1 内生性检验

本部分可能存在以下内生性问题对研究结论的干扰。一方面，CEO 组织认同对企业创新投入的影响可能会受到某些遗漏变量的干扰，即存在遗漏变量问题。另一方面，CEO 组织认同促进了企业创新投入的增加，但企业创新投入高的公司 CEO 组织认同感可能原本就很强烈，即存在反向因果问题。因此，本部分将在下文对 CEO 组织认同与企业创新投入关系中内生性问题进行比较详细的补充论证，具体如下：

（1）考虑 CEO 人口统计学特征的影响。

根据高阶理论，经理人的人口统计学特征（包括性别、年龄、教育背景等）会显著影响他们的决策行为选择（Hambrick 和 Mason，1984），所以，CEO 的人口统计学特征也会显著影响公司创新投入。由此，遗漏对 CEO 的人口统计学特征变量可能会干扰到 CEO 组织认同与企业创新投入关系的研究发现。也就是说，真正影响企业创新投入因素可能是 CEO 的人口统计学特征，而并不是 CEO 的组织认同。比如，已有研究也发现 CEO 的学历、性别、年龄会影响到企业创新（Barker 和 Mueller，2002；张兆国等，2014）。进而，为了克服遗漏变量问题的影响，在模型（5-1）至模型（5-3）中有必要控制 CEO 的人口统计学特征。常见的 CEO 人口统计学变量主要有 CEO 的性别、教育背景、年龄和任职期限。此数据我们从中国研究数据服务平台获得（CNRDS）。其中，相应的变量定义如下：①CEO 性别（$CEO\_MALE_{i,t}$）。如果 CEO 为男性，取值为 1；如果 CEO 为女性，取值为 0。②CEO 教育背景（$CEO\_EDU_{i,t}$）。如果 CEO 为博士学历，取值为 4；如果 CEO 为硕士学历，取值为 3；如果 CEO 为本科学历，取值为 2；如果 CEO 为大专学历，取值为 1；如果 CEO 为高中及以下学历，取值为 0。③CEO 年龄（$CEO\_AGE_{i,t}$）。④CEO 任职期限（$CEO\_TENURE_{i,t}$）。相应地，CEO 性别（$CEO\_MALE_{i,t}$）的均值为 0.933，表明 93.3%的公司 CEO 是男性，而 6.7%的公司 CEO 是女性。CEO 教育背景（$CEO\_EDU_{i,t}$）均值为 2.50，表明样本公司中 CEO 学历普遍是本科学历。此外，CEO 年龄（$CEO\_AGE_{i,t}$）均值为 49.43，表明样本公司 CEO 平均年龄为 49 岁。而 CEO 任职期限（$CEO\_TENURE_{i,t}$）的均值为 5.72，表明样本公司 CEO 普遍任职年限大于 5 年。

表 5-7 表示在控制 CEO 人口统计学特征变量——CEO 性别（CEO_MA-

LE$_{i,t}$)、CEO 教育背景（CEO_EDU$_{i,t}$）、CEO 年龄（CEO_AGE$_{i,t}$）和 CEO 任职期限（CEO_TENURE$_{i,t}$）后 CEO 组织认同（CEO_OI$_{i,t}$）与企业创新投入（R&D$_{i,t}$）关系的回归结果。其中，如（1）的回归结果所示，在控制 CEO 人口统计学特征变量后，CEO 组织认同（CEO_OI$_{i,t}$）与企业创新投入（R&D$_{i,t}$）在 1% 统计水平上存在显著正相关关系（回归系数 = 0.003，t 值 = 2.59），由此表明，在控制 CEO 人口统计学特征变量后，组织认同感强的 CEO 仍会显著促进企业创新投入的增加。如（2）的回归结果所示，在控制 CEO 人口统计学特征变量后，CEO 组织认同和分析师跟踪交互项（CEO_OI$_{i,t}$×ANALYSFD$_{i,t}$）与企业创新投入（R&D$_{i,t}$）在 5% 统计水平上存在显著正相关关系（回归系数 = 0.005，t 值 = 2.06），由此表明，在控制 CEO 人口统计学特征变量后，相比于分析师跟踪人数少的公司，CEO 组织认同感仍会显著促进分析师跟踪人数较多公司的企业创新投入的增加。如（3）的回归结果所示，在控制 CEO 人口统计学特征变量后，CEO 组织认同和机构投资者持股交互项（CEO_OI$_{i,t}$×INSD$_{i,t}$）与企业创新投入（R&D$_{i,t}$）在 10% 统计水平上存在显著正相关关系（回归系数 = 0.004，t 值 = 1.71），由此表明，相比于机构投资者持股较少的公司，CEO 组织认同感仍会显著促进机构投资者持股较多公司的企业创新投入的增加。

表 5-7　控制人口统计学特征

变量	D. V. R&D$_{i,t}$		
	（1）	（2）	（3）
CEO_OI$_{i,t}$	0.003 *** (2.59)	0.002 (1.11)	0.001 (0.76)
ANALYSFD$_{i,t}$	—	0.006 *** (3.46)	—
CEO_OI$_{i,t}$×ANALYSFD$_{i,t}$	—	0.005 ** (2.06)	—
INSD$_{i,t}$	—	—	0.002 (1.03)

续表

变量	D. V. R&D$_{i,t}$		
	（1）	（2）	（3）
CEO_ OI$_{i,t}$×INSD$_{i,t}$	—	—	0.004*
			（1.71）
CEO_ MALE$_{i,t}$	−0.000	0.000	−0.000
	（−0.04）	（0.16）	（−0.16）
CEO_ EDU$_{i,t}$	0.002*	0.001	0.002*
	（1.74）	（1.55）	（1.76）
CEO_ AGE$_{i,t}$	0.000	0.000	0.000
	（0.13）	（0.02）	（0.09）
CEO_ TENURE$_{i,t}$	0.000*	0.000**	0.000*
	（1.86）	（1.96）	（1.89）
CONSTANT	0.011	0.033	0.013
	（0.46）	（1.31）	（0.54）
Controls	YES	YES	YES
INDUSTRY FE	YES	YES	YES
YEAR FE	YES	YES	YES
Adjusted−R^2	0.457	0.461	0.458
N	3244	3244	3244

注：* 表示 $p<0.1$、** 表示 $p<0.05$、*** 表示 $p<0.01$，（1）～（3）括号内的数据为 t 值。其中，稳括号中的 t 值经过异方差调整和稳健标准误是公司层面聚类调整后的值。

综上所述，在控制 CEO 的性别、年龄、教育背景和任职期限的人口统计学特征变量后，本部分的研究结论依旧成立，以此验证本部分的研究发现是稳健的。即组织认同感强的 CEO 在公司长期利益驱动下会促进企业创新投入的增加。而且，这种关系在分析师跟踪人数和机构投资者持股较多的公司更显著。

（2）考虑董事会特征的影响。

除了 CEO 人口统计学特征变量会产生对本文研究结论的遗漏变量问题的干扰，董事会相关特征的变量可能也会对本部分的研究发现产生遗漏变量问题的干扰。比如，两职合一会促使 CEO 决策权力的加大（杨兴全等，2014），而 CEO 的决策权力对公司财务决策行为会产生重要的影响（Bebchuk 和 Fried，2003）。

此时，CEO 两职合一就会显著影响到公司创新投入。与此相同地，还有董事会独立性变量——董事会规模、独立董事比例可能也会影响到公司创新（Balsmeier 等，2017；Sena 等，2018），所以，本部分进一步控制了两职合一（$DUAL_{i,t}$）、董事会规模（$BDSIZE_{i,t}$）、独立董事比例（$IDR_{i,t}$）。其中，相应的变量定义如下：①两职合一（$DUAL_{i,t}$）。如果总经理和董事长为同一人，取值为 1；否则，取值为 0。②董事会规模（$BDSIZE_{i,t}$）。其值为董事会人数去自然对数后的数值。③独立董事比例（$IDR_{i,t}$）。其值为独立董事人数与董事会人数比值。相应地，两职合一（$DUAL_{i,t}$）均值为 0.298，表明 29.8% 的样本公司两职合一，而 70.2% 的样本公司是两职分离的。董事会规模（$BDSIZE_{i,t}$）均值为 2.13。独立董事比例（$IDR_{i,t}$）均值为 0.375，表明样本公司独立董事人数占董事会人数的平均占比为 37.5%。

表 5-8 表示在控制公司治理特征变量——两职合一（$DUAL_{i,t}$）、董事会规模（$BDSIZE_{i,t}$）、独立董事比例（$IDR_{i,t}$）后 CEO 组织认同（$CEO\_OI_{i,t}$）与企业创新投入（$R\&D_{i,t}$）关系的回归结果。其中，如（1）的回归结果所示，在控制董事会特征变量后，CEO 组织认同（$CEO\_OI_{i,t}$）与企业创新投入（$R\&D_{i,t}$）在 5% 统计水平上存在显著正相关关系（回归系数 = 0.003，t 值 = 2.56），由此表明，在控制董事会特征变量后，组织认同感强的 CEO 仍会显著促进企业创新投入的增加。如（2）的回归结果所示，在控制董事会特征变量后，CEO 组织认同和分析师跟踪交互项（$CEO\_OI_{i,t} \times ANALYSFD_{i,t}$）与企业创新投入（$R\&D_{i,t}$）在 5% 统计水平上存在显著正相关关系（回归系数 = 0.005，t 值 = 2.00），由此表明，在控制董事会特征变量后，相比于分析师跟踪人数少的公司，CEO 组织认同感仍会显著促进分析师跟踪人数较多公司的企业创新投入的增加。如（3）的回归结果所示，在控制董事会特征变量后，CEO 组织认同和机构投资者持股交互项（$CEO\_OI_{i,t} \times INSD_{i,t}$）与企业创新投入（$R\&D_{i,t}$）在 10% 统计水平上存在显著正相关关系（回归系数 = 0.004，t 值 = 1.66），由此表明，相比于机构投资者持股较少的公司，CEO 组织认同感仍会显著促进机构投资者持股较多公司的企业创新投入的增加。

表5-8　控制董事会特征

变量	D. V. R&D$_{i,t}$		
	（1）	（2）	（3）
CEO_OI$_{i,t}$	0.003**	0.002	0.001
	（2.56）	（1.10）	（0.74）
ANALYSFD$_{i,t}$	—	0.006***	—
		（3.53）	
CEO_OI$_{i,t}$×ANALYSFD$_{i,t}$	—	0.005**	—
		（2.00）	
INSD$_{i,t}$	—	—	0.002
			（1.21）
CEO_OI$_{i,t}$×INSD$_{i,t}$	—	—	0.004*
			（1.66）
CONSTANT	−0.006	0.019	−0.004
	（−0.23）	（0.73）	（−0.15）
Controls	YES	YES	YES
INDUSTRY FE	YES	YES	YES
YEAR FE	YES	YES	YES
Adjusted−R^2	0.455	0.459	0.456
N	3289	3289	3289

注：＊表示 p<0.1、＊＊表示 p<0.05、＊＊＊表示 p<0.01，（1）～（3）括号内的数据为 t 值。其中，稳括号中的 t 值经过异方差调整和稳健标准误是公司层面聚类调整后的值。

综上所述，在控制两职合一、董事会规模、独立董事比例的董事会特征变量后，本部分的研究结论依旧成立，以此验证本部分的研究发现是稳健的。即组织认同感强的 CEO 在公司长期利益驱动下会促进企业创新投入的增加。而且，这种关系在分析师跟踪人数和机构投资者持股较多的公司更显著。

（3）考虑反向因果问题。

本部分的研究结论可能还受到反向因果问题的干扰，即 CEO 组织认同促进了企业创新投入的增加，但企业创新投入高的公司 CEO 组织认同感可能原本就很强烈。参考 Rosenbaum 和 Rubin （1983）、汤晓建和张俊生 （2017）、Kim 等

（2017）和张俊生等（2017）克服反向因果问题的方法，本部分采用倾向匹配得分的方法（PSM）去克服本部分的反向因果问题。一方面，本部分将 CEO 组织认同（CEO_OI$_{i,t}$）按照均值转换为虚拟变量。即如果 CEO 组织认同（CEO_OI$_{i,t}$）大于等于其均值，取值为 1，代表较高的 CEO 组织认同度组；否则，取值为 0，代表较低的 CEO 组织认同度组。另一方面，本部分以较高 CEO 组织认同感组的公司作为处置组，在较低 CEO 组织认同感组的公司中寻找与处置组相似的配对样本。所以，本部分按照 1∶1 无放回最近邻匹配的 PSM 方法。由此，本部分构建了 PSM 第一阶段的 Probit 配对模型（5-4）：

$$CEO\_OI_{i,t} = \alpha_0 + \alpha_1 GROWTH_{i,t} + \alpha_2 SIZE_{i,t} + \alpha_3 LEV_{i,t} + \alpha_4 Z\text{-}SCORE_{i,t} + \alpha_5 LOSS_{i,t} + A_6 ROA_{i,t} + \alpha_7 BM_{i,t} + \alpha_8 BIG4_{i,t} + \alpha_9 OPINION_{i,t-1} + \alpha_{10} ICW_{i,t} + \alpha_{11} LARGESHAH_{i,t} + \alpha_{12} SOE_{i,t} + \alpha_{13} AGE_{i,t} + INDUSTRY + YEAR + \varepsilon$$

（5-4）

表 5-9 表示以较高 CEO 组织认同感组公司为处置组对较低 CEO 组织认同感组公司的样本按照 1∶1 无放回最近邻匹配的第一阶段回归结果。其中，如（1）的回归结果所示，资产负债率（LEV$_{i,t}$）与 CEO 组织认同（CEO_OI$_{i,t}$）在 5%统计水平上存在显著负相关关系（回归系数=-0.398，t 值=-2.27），破产风险值（Z-SCORE$_{i,t}$）与 CEO 组织认同（CEO_OI$_{i,t}$）在 5%统计水平上存在显著负相关关系（回归系数=-0.005，t 值=-2.03），是否"四大"审计（BIG4$_{i,t}$）与 CEO 组织认同（CEO_OI$_{i,t}$）在 5%统计水平上存在显著负相关关系（回归系数=-0.237，t 值=-2.01），由此表明，CEO 组织认同感较高的公司，其资产负债率较低、更可能存在破产风险以及倾向选择非"四大"审计。

表 5-9　PSM 第一阶段回归结果

变量	D. V. CEO_OI$_{i,t}$
	（1）
GROWTH$_{i,t}$	0.002 （0.09）
SIZE$_{i,t}$	0.004 （0.12）

续表

变量	D. V. CEO_ OI$_{i,t}$
	（1）
LEV$_{i,t}$	-0.398**
	(-2.27)
Z-SCORE$_{i,t}$	-0.005**
	(-2.03)
LOSS$_{i,t}$	-0.114
	(-1.14)
ROA$_{i,t}$	-0.037
	(-0.05)
BM$_{i,t}$	0.061
	(1.01)
BIG4$_{i,t}$	-0.237**
	(-2.01)
OPINION$_{i,t-1}$	0.051
	(0.28)
ICW$_{i,t}$	0.033
	(0.49)
LARGESHAH$_{i,t}$	-0.222
	(-1.56)
SOE$_{i,t}$	-0.047
	(-0.78)
AGE$_{i,t}$	0.004
	(0.99)
CONSTANT	0.633
	(0.86)
Industry FE	YES
Year FE	YES
Pseudo-R^2	0.035
N	3298

注：*表示 $p<0.1$、**表示 $p<0.05$、***表示 $p<0.01$，（1）括号内的数据为 z 值。

　　基于表 5-9 的 PSM 第一阶段的结果，以较高 CEO 组织认同感组的公司作为处置组，在较低 CEO 组织认同感组的公司中寻找与处置组相似的配对样本，得到 1589 家 CEO 组织认同感较高的公司和 1589 家 CEO 组织认同感较低的公司。进一步地，如表 5-10 所示，我们对 PSM 后的配对样本进行了平衡性检验。其中，除了原模型（5-1）中是否"四大"审计（BIG4 $_{i,t}$）在 CEO 组织认同较低和 CEO 组织认同较高组之间存在 10% 统计水平上的显著差异，其余控制变量均不存在统计水平上的显著差异。由此表明，本部分 PSM 匹配结果是有效的。

表 5-10　PSM 配对后均值差异检验（平衡性检验）

Variables	CEO 组织认同较低		CEO 组织认同较高		
	N	Mean	N	Mean	Mean Diff
R&D$_{i,t}$	1589	0.030	1589	0.036	−0.006***
Growth$_{i,t}$	1589	0.427	1589	0.436	−0.009
SIZE$_{i,t}$	1589	22.174	1589	22.173	0.001
LEV$_{i,t}$	1589	0.420	1589	0.413	0.008
Z-SCORE$_{i,t}$	1589	8.516	1589	8.647	−0.131
LOSS$_{i,t}$	1589	0.091	1589	0.078	0.013
ROA$_{i,t}$	1589	0.043	1589	0.044	−0.001
BM$_{i,t}$	1589	0.710	1589	0.695	0.015
BIG4$_{i,t}$	1589	0.053	1589	0.040	0.014*
OPINION$_{i,t-1}$	1589	0.016	1589	0.016	0.000
ICW$_{i,t}$	1589	0.130	1589	0.135	−0.004
LARGESHAH$_{i,t}$	1589	0.251	1589	0.245	0.007
SOE$_{i,t}$	1589	0.345	1589	0.337	0.008
AGE$_{i,t}$	1589	10.238	1589	10.174	0.064

注：＊表示 $p<0.1$、＊＊表示 $p<0.05$、＊＊＊表示 $p<0.01$。

如表 5-10 第一行结果所示，CEO 组织认同感较高组比 CEO 组织认同感较低组的企业创新投入高了 0.6%，且在 1% 统计水平上存在显著差异。由此表明，相比于 CEO 组织认同感较低的公司，CEO 组织认同感较高公司的企业创新投入更多。在控制样本选择偏差后，以此验证了 CEO 组织认同感显著促进了企业创新投入的增加。随后，本部分对 PSM 配对后的样本重新进行了模型（5-1）至模型

（5-3）的回归。如表 5-11 所示，其为 PSM 配对后的样本回归结果。其中，如（1）的回归结果所示，在控制样本选择偏差后，CEO 组织认同（CEO_OI$_{i,t}$）与企业创新投入（R&D$_{i,t}$）在 1%统计水平上存在显著正相关关系（回归系数 = 0.004，t 值 = 2.68），由此表明，组织认同感强的 CEO 会显著提高企业创新投入。如（2）的回归结果所示，在控制样本选择偏差后，CEO 组织认同和分析师跟踪交互项（CEO_OI$_{i,t}$×ANALYSFD$_{i,t}$）与企业创新投入（R&D$_{i,t}$）在 5%统计水平上存在显著正相关关系（回归系数 = 0.005，t 值 = 2.04），由此表明，相比于分析师跟踪人数少的公司，CEO 组织认同感会显著促进分析师跟踪人数较多公司的企业创新投入的增加。此外，如（3）的回归结果所示，在控制样本选择偏差后，CEO 组织认同和机构投资者持股交互项（CEO_OI$_{i,t}$×INSD$_{i,t}$）与企业创新投入（R&D$_{i,t}$）在 10%统计水平上存在显著正相关关系（回归系数 = 0.004，t 值 = 1.76），由此表明，相比于机构投资者持股较少的公司，CEO 组织认同感会显著促进机构投资者持股较多公司的企业创新投入的增加。

表 5-11　PSM 配对后回归结果

变量	D. V. R&D$_{i,t}$		
	（1）	（2）	（3）
CEO_OI$_{i,t}$	0.004***	0.002	0.001
	(2.68)	(1.17)	(0.74)
ANALYSFD$_{i,t}$	—	0.006***	—
		(3.50)	
CEO_OI$_{i,t}$×ANALYSFD$_{i,t}$		0.005**	
		(2.04)	
INSD$_{i,t}$			0.002
			(1.06)
CEO_OI$_{i,t}$×INSD$_{i,t}$			0.004*
			(1.76)
CONSTANT	0.014	0.036	0.014
	(0.56)	(1.38)	(0.59)
Controls	YES	YES	YES

变量	D. V. R&D$_{i,t}$		
	（1）	（2）	（3）
INDUSTRY FE	YES	YES	YES
YEAR FE	YES	YES	YES
Adjusted-R^2	0.455	0.459	0.455
N	3178	3178	3178

注：＊表示 p<0.1、＊＊表示 p<0.05、＊＊＊表示 p<0.01，（1）~（3）括号内的数据为 t 值。其中，稳括号中的 t 值经过异方差调整和稳健标准误是公司层面聚类调整后的值。

综上所述，在控制样本选择偏差后，本部分的研究结论依旧成立，以此验证本部分的研究发现是稳健的。即组织认同感强的 CEO 在公司长期利益驱动下会促进企业创新投入的增加，而且，这种关系在分析师跟踪人数和机构投资者持股较多的公司更显著。

5.4.4.2 延长样本期间

本部分样本的研究期间为 2014~2016 年，为了克服样本期间选择的影响，本部分将样本期间滞后一年，也就是，本部分的样本期间变为 2013~2016 年，以此重新对模型（5-1）至模型（5-3）进行回归检验。如表 5-12 所示，它表示在延长样本期间后 CEO 组织认同（CEO_OI$_{i,t}$）与企业创新投入（R&D$_{i,t}$）关系的回归结果。其中，如（1）的回归结果所示，在延长样本期间后，CEO 组织认同（CEO_OI$_{i,t}$）与企业创新投入（R&D$_{i,t}$）在 1% 统计水平上存在显著正相关关系（回归系数＝0.004，t 值＝2.92），由此表明，组织认同感强的 CEO 会显著提高企业创新投入。如（2）的回归结果所示，在延长样本期间后，虽然 CEO 组织认同和分析师跟踪交互项（CEO_OI$_{i,t}$×ANALYSFD$_{i,t}$）与企业创新投入（R&D$_{i,t}$）关系在统计上显著性水平略低，但符号与预期相符（回归系数＝0.004，t 值＝1.55），基本表明了，相比于分析师跟踪人数少的公司，CEO 组织认同感会显著促进分析师跟踪人数较多公司的企业创新投入的增加。此外，如（3）的回归结果所示，在延长样本期间后，CEO 组织认同和机构投资者持股交互项（CEO_OI$_{i,t}$×INSD$_{i,t}$）与企业创新投入（R&D$_{i,t}$）在 10% 统计水平上存在显著正相关关系（回归系数＝0.004，t 值＝1.72），由此表明，相比于机构投资者持股较少的公司，CEO 组织认同感会显著促进机构投资者持股较多公司的企业创新投入的增加。

表 5-12 2013~2016 年样本区间的回归结果

变量	D. V. R&D$_{i,t}$		
	（1）	（2）	（3）
CEO_ OI$_{i,t}$	0.004***	0.002*	0.002
	（2.92）	（1.74）	（1.03）
ANALYSFD$_{i,t}$	—	0.006***	—
		（4.02）	
CEO_ OI$_{i,t}$×ANALYSFD$_{i,t}$	—	0.004	—
		（1.55）	
INSD$_{i,t}$	—	—	0.002
			（1.02）
CEO_ OI$_{i,t}$×INSD$_{i,t}$	—	—	0.004*
			（1.72）
CONSTANT	−0.004	0.021	−0.003
	（−0.17）	（0.87）	（−0.13）
Controls	YES	YES	YES
INDUSTRY FE	YES	YES	YES
YEAR FE	YES	YES	YES
Adjusted-R^2	0.439	0.443	0.439
N	4218	4218	4218

注：* 表示 $p<0.1$、** 表示 $p<0.05$、*** 表示 $p<0.01$，（1）~（3）括号内的数据为 t 值。其中，稳括号中的 t 值经过异方差调整和稳健标准误是公司层面聚类调整后的值。

综上所述，在延长样本期间后，本部分的研究结论依旧成立，以此验证本部分的研究发现是稳健的。即组织认同感强的 CEO 在公司长期利益驱动下会促进企业创新投入的增加，而且，这种关系在分析师跟踪人数和机构投资者持股较多的公司更显著。

5.4.4.3 考虑 R&D 自愿性披露影响

相关规定中并未明确要求企业强制披露研发投入的信息，以致在实际研发投入中部分企业不披露研发投入的信息。由此，在对企业创新投入变量处理时这部分被赋予了零值。进而，这个情境的影响很可能会干扰本部分研究结论的稳健性。所以，本部分采用 Tobit 回归方式对模型（5-1）至模型（5-3）重新进行了回归。如表 5-13 所示，在控制这段不可忽略的部分取值为 0 影响后，其中，如（1）的回归结果所示，CEO 组织认同（$CEO\_OI_{i,t}$）与企业创新投入（$R\&D_{i,t}$）在 5% 统计水平上存在显著正相关关系（回归系数 = 0.003，t 值 = 2.08），由此表明，组织认同感强的 CEO 会显著提高企业创新投入。

表 5-13 考虑 R&D 自愿性披露影响

变量	D. V. $R\&D_{i,t}$		
	（1）	（2）	（3）
$CEO\_OI_{i,t}$	0.003**	0.001	0.000
	（2.08）	（0.55）	（0.13）
$ANALYSFD_{i,t}$	—	0.007***	—
		（3.24）	
$CEO\_OI_{i,t} \times ANALYSFD_{i,t}$	—	0.007**	—
		（2.13）	
$INSD_{i,t}$	—	—	0.002
			（1.07）
$CEO\_OI_{i,t} \times INSD_{i,t}$	—	—	0.006**
			（2.15）
CONSTANT	-0.046	-0.019	-0.044
	（-1.46）	（-0.57）	（-1.39）
Controls	YES	YES	YES
INDUSTRY FE	YES	YES	YES
YEAR FE	YES	YES	YES
N	3298	3298	3298

注：* 表示 p<0.1、** 表示 p<0.05、*** 表示 p<0.01，（1）～（3）括号内的数据为 t 值。其中，稳括号中的 t 值经过异方差调整和稳健标准误是公司层面聚类调整后的值。

如（2）的回归结果所示，在控制这段不可忽略的部分取值为 0 影响后，CEO 组织认同和分析师跟踪交互项（CEO_OI$_{i,t}$×ANALYSFD$_{i,t}$）与企业创新投入（R&D$_{i,t}$）在 5% 统计水平上存在显著正相关关系（回归系数 = 0.007，t 值 = 2.13），由此表明，相比于分析师跟踪人数少的公司，CEO 组织认同感会显著促进分析师跟踪人数较多公司的企业创新投入的增加。

如（3）的回归结果所示，在控制这段不可忽略的部分取值为 0 影响后，CEO 组织认同和机构投资者持股交互项（CEO_OI$_{i,t}$×INSD$_{i,t}$）与企业创新投入（R&D$_{i,t}$）在 5% 统计水平上存在显著正相关关系（回归系数 = 0.006，t 值 = 2.15），由此表明，相比于机构投资者持股较少的公司，CEO 组织认同感会显著促进机构投资者持股较多公司的企业创新投入的增加。

综上所述，在控制这段不可忽略的部分取值为 0 影响后，本部分的研究结论依旧成立，以此验证本部分的研究发现是稳健的。即组织认同感强的 CEO 在公司长期利益驱动下会促进企业创新投入的增加。而且，这种关系在分析师跟踪人数和机构投资者持股较多的公司更显著。

5.5　进一步分析

5.5.1　R&D 投入持续性

前文已经验证了 CEO 组织认同感能够显著促进企业创新投入的增加。但是，企业创新投入是一个长期的过程（Manso，2011），所以本部分也进一步检验了 CEO 组织认同对企业创新投入持续性的影响。具体地，本部分主要探究了 CEO 组织认同与未来一期企业创新投入的关系。表 5-14 表示在考虑 R&D 投入持续性后 CEO 组织认同（CEO_OI$_{i,t}$）与未来一期企业创新投入（R&D$_{i,t+1}$）关系的回归结果。其中，如（1）的回归结果所示，CEO 组织认同（CEO_OI$_{i,t}$）与未来一期企业创新投入（R&D$_{i,t+1}$）在10%统计水平上存在显著正相关关系（回归系数=0.002，t值=1.84），由此表明，组织认同感强的CEO会显著提高未来一期企业创新投入。

表5-14　R&D投入持续性

变量	D. V. 未来一期 R&D$_{i,t+1}$		
	（1）	（2）	（3）
CEO_OI$_{i,t}$	0.002 * （1.84）	0.001 （0.70）	0.000 （0.06）
ANALYSFD$_{i,t}$	—	0.005 *** （3.43）	—
CEO_OI$_{i,t}$×ANALYSFD$_{i,t}$	—	0.004 * （1.77）	—
INSD$_{i,t}$	—	—	0.002 （0.93）
CEO_OI$_{i,t}$×INSD$_{i,t}$	—	—	0.005 * （1.88）
CONSTANT	−0.001 （−0.06）	0.019 （0.76）	−0.000 （−0.01）
Controls	YES	YES	YES
INDUSTRY FE	YES	YES	YES
YEAR FE	YES	YES	YES
Adjusted−R^2	0.486	0.490	0.488
N	3298	3298	3298

注：＊表示 p<0.1、＊＊表示 p<0.05、＊＊＊表示 p<0.01，（1）～（3）括号内的数据为 t 值。其中，稳括号中的 t 值经过异方差调整和稳健标准误是公司层面聚类调整后的值。

如（2）的回归结果所示，在控制样本选择偏差后，CEO组织认同和分析师跟踪交互项（CEO_OI$_{i,t}$×ANALYSFD$_{i,t}$）与未来一期企业创新投入（R&D$_{i,t+1}$）在10%统计水平上存在显著正相关关系（回归系数=0.004，t值=1.77），由此表明，相比于分析师跟踪人数少的公司，CEO组织认同感会显著促进分析师跟踪人数较多公司的未来一期企业创新投入的增加。

如（3）的回归结果所示，在控制样本选择偏差后，CEO 组织认同和机构投资者持股交互项（$CEO\_OI_{i,t} \times INSD_{i,t}$）与未来一期企业创新投入（$R\&D_{i,t+1}$）在 10% 统计水平上存在显著正相关关系（回归系数 = 0.005，t 值 = 1.88），由此表明，相比于机构投资者持股较少的公司，CEO 组织认同感会显著促进机构投资者持股较多公司的未来一期企业创新投入的增加。因此，CEO 组织认同对企业创新投入具有持续性。

5.5.2　R&D 行业投入差异情境

前文已经验证了 CEO 组织认同感能够显著促进企业创新投入的增加。但是，现实中，并不是所有企业都需要进行研发投入，或者加大对企业研发项目的投入。比如，深物业（公司代码：000011）属于房地产业，2014~2016 年，其研发投入为 0，而瑞普生物（公司代码：300119）属于医药制造业，2014~2016 年，历年研发投入占营业收入比重分别为 9.6%、9.2% 和 10.9%。在传统的委托代理模型中，嵌入 CEO 组织认同的因素能够显著降低其与股东之间的代理成本（Boivie 等，2011；Heinle 等，2012），以此促进 CEO 与企业共"荣辱"（Mael 和 Ashforth，1992）。此时，对于深物业来说，组织认同感强的 CEO 在公司财务决策中不会考虑企业创新决策，而对于瑞普生物来说，组织认同感强的 CEO 在公司财务决策中会重点考虑企业创新决策。由此可见，在企业创新投入低的行业，组织认同感越强的 CEO 会削减公司创新投入，而在企业创新投入高的行业，组织认同越强的 CEO 会增加公司创新投入。

因此，本部分考虑了 R&D 行业投入差异因素后进一步检验 CEO 组织认同（$CEO\_OI_{i,t}$）与企业创新投入（$R\&D_{i,t}$）的关系。其中，首先求出每个行业企业创新投入的均值，其次求出所有行业企业创新投入的均值，如果前者大于等于后者，$R\&DH_{i,t}$ 取值为 1，$R\&DL_{i,t}$ 取值为 0，反映公司所在行业属于高研发投入行业；反之，如果前者小于后者，$R\&DH_{i,t}$ 取值为 0，$R\&DL_{i,t}$ 取值为 1，反映公司所在行业属于低研发投入行业。

表 5-15 表示考虑了 R&D 行业投入差异因素后检验 CEO 组织认同（CEO_

$OI_{i,t}$）与企业创新投入（$R\&D_{i,t}$）关系的回归结果。其中，如（1）的回归结果所示，CEO 组织认同和高研发投入行业（$CEO\_OI_{i,t} \times R\&DH_{i,t}$）与企业创新投入（$R\&D_{i,t}$）在 1% 统计水平上存在显著正相关关系（回归系数 = 0.008，t 值 = 3.08）。如（2）的回归结果所示，CEO 组织认同和高研发投入行业（$CEO\_OI_{i,t} \times R\&DL_{i,t}$）与企业创新投入（$R\&D_{i,t}$）在 1% 统计水平上存在显著负相关关系（回归系数 = −0.008，t 值 = −3.08）。由此表明，在企业创新投入低的行业，组织认同感越强的 CEO 会显著降低公司创新投入，而在企业创新投入高的行业，组织认同越强的 CEO 会增加公司创新投入。因此，组织认同感强的 CEO 会考虑自身企业所在的行业特征做出有利于企业长期价值创造的创新决策。

表 5-15　R&D 行业投入差异情境

变量	D. V. $R\&D_{i,t}$	
	（1）	（2）
$CEO\_OI_{i,t}$	−0.000	0.008 ***
	(−0.31)	(3.18)
$R\&DH_{i,t}$	0.010 ***	—
	(3.86)	
$CEO\_OI_{i,t} \times R\&DH_{i,t}$	0.008 ***	—
	(3.08)	
$R\&DL_{i,t}$	—	−0.010 ***
		(−3.86)
$CEO\_OI_{i,t} \times R\&DL_{i,t}$	—	−0.008 ***
		(−3.08)
CONSTANT	0.010	0.020
	(0.42)	(0.83)
Controls	YES	YES
INDUSTRY FE & YEAR FE	YES	YES
Adjusted-R^2	0.459	0.459
N	3298	3298

注：＊表示 $p<0.1$、＊＊表示 $p<0.05$、＊＊＊表示 $p<0.01$，（1）～（2）括号内的数据为 t 值。其中，稳括号中的 t 值经过异方差调整和稳健标准误是公司层面聚类调整后的值。

5.6　研究结论

　　企业创新是一个长期、不可预期且伴有较高风险的过程（Holmstrom 等，1989），最优的创新激励薪酬契约应该容忍早期创新项目的失败、褒奖因企业创新项目成功的 CEO，与此同时，股东也应保证 CEO 在企业创新项目运营过程中职业的稳定性（Manso，2011）。相对于非上市公司，上市公司会受到资本市场的压力，为迎合投资者的利益，以及向投资者释放更多的公司层面好消息，在很大程度上会选择传统的已开发出的创新项目，而放弃未开发的前沿性创新项目（Ferreira 等，2012）。从改进后的薪酬契约角度去激励 CEO 按照公司利益行事来增加企业创新投入也存在一定的不足。在委托代理成本模型中，嵌入组织认同因素能够降低 CEO 与股东之间的委托代理成本（Boivie 等，2011；Heinle 等，2012），促使组织认同度高的 CEO 与企业目标保持一致，并按照企业利益行事（Akerlof 和 Kranton，2000，2005，2008；Heinle 等，2012），进而促进 CEO 增加企业创新投入。

　　因此，基于委托代理理论和组织认同理论的视角，以 2014 年证监会中国上市公司内部控制问卷调查数据中"CEO 组织认同数据"为研究基础，本章选取了 2014~2016 年我国沪深 A 股上市公司的数据实证检验了 CEO 组织认同与企业创新投入的关系。本章研究发现，①组织认同感强的 CEO 会显著提高企业创新投入。②相比于分析师跟踪人数少的公司，CEO 组织认同感会显著促进分析师跟踪人数较多公司的企业创新投入的增加。③相比于机构投资者持股较少的公司，CEO 组织认同感会显著促进机构投资者持股较多公司的未来一期企业创新投入的增加。本章进一步考虑了企业创新投入的持续性，企业创新投入行业差异的情境。研究发现，①组织认同感越强的 CEO 会持续促进企业创新投入的增加。②在企业创新投入低的行业，组织认同感越强的 CEO 会显著降低公司创新投入，而在企业创新投入高的行业，组织认同越强的 CEO 会增加公司创新投入。进一步表明，组织认同感强的 CEO 充分将自己与企业利益绑定在一起，注重企业创新投入的持续性以及根据实际情况做出合理的企业创新决策。

综上所述，本章的研究发现，组织认同感强的 CEO 更关注企业长期利益的创造，从而促进企业创新投入的增加，以此表现出 CEO 公司财务决策上的远视行为。由此，努力提高 CEO 组织认同感能够有效弥补从薪酬激励角度激励企业创新的不足。现实中，企业应积极提升组织文化的建设，营造良好的企业文化氛围，从而增强 CEO 在组织内部的认同感，进而有利于 CEO 做出促进公司长期价值实现的公司财务决策行为。

第6章　CEO 组织认同与公司短期利益决策行为：基于坏消息隐藏视角

6.1　引言

公司财务信息披露是 CEO 向外部投资者呈报公司业绩和治理状况的重要渠道（Healy 和 Palepu，2001）。作为公司财务决策的关键人物，CEO 对公司信息披露决策产生重大影响（Kothari 等，2009；Kim 等，2016）。然而，CEO 在很多情况下会向外部投资者尽早披露公司层面的好消息，而尽可能地向外部投资者延迟公司层面坏消息的披露（Kothari 等，2009）。其中，CEO 与股东之间的信息披露偏好差异是造成管理层隐藏公司坏消息披露现象的主要原因（Kothari 等，2009）。比如，CEO 的"职业生涯忧虑"（Career Concerns）促使其考虑自身任期内公司短期的利益以及所能得到的薪酬补偿，以致隐藏其任期内公司坏消息的披露（Baginski 等，2017）。本质上，CEO 向股东隐藏公司坏消息的披露主要源于两者利益的不一致性。也就是说，CEO 的"自利性"（Self-serving）促使 CEO 在与公司之间的利益不一致时，会隐藏公司层面的坏消息。但是，如果 CEO 能够与公司利益一致，CEO 会不会及时向投资者及时披露公司层面的坏消息？还是有可能会隐藏公司坏消息的披露？

　　首要问题是，如何促使 CEO 与公司的利益保持一致？以往研究表明，薪酬契约能够降低 CEO 与股东之间代理成本，有效促使 CEO 按照公司的利益行事（Healy，1985）。虽然薪酬契约与企业业绩关联，对 CEO 会起到一定的激励作用，但是，由于 CEO "自利性" 的存在，CEO 在很大程度上可能会通过盈余操纵的手段粉饰公司的财务业绩以满足薪酬合同的要求获取自身利益的最大化（Dechow 和 Skinner，2000；Jensen 和 Murphy，2012）。由此可见，薪酬契约对 CEO 按照公司利益行事的激励也是存在不足的。它可能会间接地助长 CEO 损害公司长期利益的盈余操纵行为。然而，基于心理学的视角，组织认同可能更能有效地促进 CEO 与公司利益的一致。第一，基于组织认同内涵角度，组织认同能够让 CEO 通过接受企业的使命、愿景与目标方式认同自己在企业中的角色（Davis 等，1997）。此时，如果有人批评他所在的公司，CEO 可能会感觉到批评公司就等于在批评自己（Mael 和 Ashforth，1992）。第二，基于委托代理成本视角，公司所有权与控制权的分离，产生了管理者与股东之间的委托代理成本（Jensen 和 Meckling，1976），以致促使 CEO 与公司利益存在不一致性（Heinle 等，2012）。但是，在委托代理成本模型中，嵌入组织认同因素能够降低 CEO 与股东之间的委托代理成本（Boivie 等，2011；Heinle 等，2012），促使组织认同度高的 CEO 与企业目标保持一致，并按照公司利益行事（Akerlof 和 Kranton，2000，2005，2008；Heinle 等，2012）。

　　因此，CEO 组织认同的情境为我们提供了检验当 CEO 按照公司利益行事时其会不会向股东隐藏公司层面坏消息的披露的研究场景。也就是，CEO 组织认同会不会显著影响公司坏消息的隐藏？理论上可能存在两种对立的影响。一种观点是 CEO 组织认同会抑制公司坏消息隐藏。已有研究表明，"自利" 的 CEO 会尽量隐藏公司层面的坏消息（Kothari 等，2009）来实现个人利益的最大化（许言等，2017；Baginski 等，2017）。而较强的 CEO 组织认同感能够促使 CEO 与公司的利益绑定在一起，让 CEO 考虑到信息披露违规风险可能会损害公司利益，从而抑制了 CEO 对公司层面坏消息的隐藏。

另一种观点是 CEO 组织认同会助长公司坏消息隐藏。较弱的法律制度环境滋生了政企合谋现象（Chen 等，2008），弱化了监管机构对上市公司监管的效力（Chen 等，2006；王磊和孔东民，2014；Jiang 和 Kim，2015；李志生等，2017；张俊生等，2017），从而在很大程度上也弱化了具有较强组织认同感 CEO 对公司信息披露决策的责任感。已有研究表明，财务信息在资源配置中起着重要的作用（Healy 和 Palepu，2001；周中胜和陈汉文，2008；Armstrong 等，2010），显著影响着同行业间市场竞争优势取得（Harris，1998；Dedman 和 Lennox，2009；Markarian 和 Santaló，2014；Bernard 等，2016）。尤其是公司为了避免市场竞争优势被同业竞争者掠夺而隐藏公司层面坏消息及时披露（Bernard，2016）。为了能够获取短期内同行业间竞争优势来实现公司短期利益的增加，较弱的法律制度环境助长了具有较强组织认同感 CEO 对公司层面坏消息的隐藏。当公司坏消息被隐藏到一定阈值时，投资者会感知到被 CEO 隐藏的坏消息（Kothari 等，2009）。此时，由于公司坏消息的积聚效应，它会产生股价的负偏态性，从而诱发股价崩盘风险（Hutton 等，2009；Kim 等，2011a；Piotroski 等，2015；张俊生等，2017）。由此可见，CEO 组织认同与公司坏消息隐藏的关系实质上是 CEO 组织认同与股价崩盘风险的关系。

所以，基于委托代理理论和组织认同理论的视角，以证监会中国上市公司内部控制问卷调查数据中 "CEO 组织认同数据" 为研究基础，本章选取了 2014 ~ 2016 年我国沪深 A 股上市公司的数据探讨了 CEO 组织认同与股价崩盘风险的关系。研究发现，CEO 组织认同显著加剧了公司坏消息隐藏，而且这种关系在亏损的公司更显著。所以，本章支持了 CEO 组织认同会助长公司坏消息隐藏的观点。此外，本章在控制了内生性问题后结论依旧成立。基于此，本章进一步考虑了融资需求情境、产品市场情境中，公司亏损状态对 CEO 组织认同与公司坏消息隐藏的影响。研究发现，相比于未亏损的公司，组织认同感越高的 CEO 对高融资需求、产品市场竞争激烈的亏损公司坏消息的隐藏程度越大。由此表明，受制于薄弱的法律制度环境影响，组织认同感强的 CEO 受企业短期利益的驱使，会利用公司坏消息隐藏的手段产生公司财务决策上的短视行为。所以，虽然 CEO 对公司坏消息的隐藏有利于企业的短期利益实现，但其所隐藏的公司层面坏消息会损害投资者的投资信心，在很大程度上给资本市场造成动荡。

6.2　理论分析与研究假设

一般地，投资者主要通过以 CEO 为主导的高管团队提供的定期或者不定期的财务信息披露来了解公司的经营和治理情况。所以，在公司的众多决策中，CEO 信息披露决策是投资者了解公司业绩和治理状况的重要渠道（Healy 和 Palepu, 2001），是一项重要的公司财务决策行为。现实中，根据中国研究数据服务平台（CNRDS）的统计，上市公司违规行为主要集中在信息披露违规方面，而 CEO 延迟披露、重大遗漏、虚假记载以及误导性陈述是信息披露违规的主要手段，这些也是 CEO 隐藏坏消息的重要手段。比如，2018 年 11 月 5 日中兵红箭（公司代码：000519）因全资子公司中南钻石虚假记载收入、费用的信息披露违规行为而被中国证监会予以行政处罚，其母公司和子公司 CEO 也相继受到中国证监会的连带行政处罚。由此，CEO 对公司信息披露决策经济后果具有连带责任，可见 CEO 对公司信息披露决策会产生重要影响。

然而，两权的分离导致了 CEO 的自利行为（包括了薪酬奖励计划、任职岗位稳定性等），促使 CEO 的行动目标偏离公司利益的目标（Jensen 和 Meckling, 1976）。此时，CEO 自利行为会显著影响其信息披露的决策行为，进而 CEO 会隐藏公司坏消息披露现象（Kothari 等，2009）。例如，CEO 的"职业生涯忧虑"（Career Concerns）促使其考虑自身任期内公司短期的利益以及所能得到的薪酬补偿，以致隐藏其任期内公司坏消息的披露（Baginski 等，2017），尤其是，CEO 会在任职初期或者任职前一年会隐藏更多的坏消息（许言等，2017）。此外，CEO 超额在职消费的自利行为会显著积聚公司层面坏消息隐藏。总体来看，CEO 的自利行为，也就是 CEO 与公司利益的不一致性，促使 CEO 会隐瞒公司层面的坏消息（许言等，2017；Baginski 等，2017）。

在传统的委托代理模型中，经理人的偏好是固定的，其效用主要取决于能用货币计量的变量（Akerlof 和 Kranton，2005）。但现实中，经理人的偏好是变动的，也会显著影响到其所能获得的经济效用，从而会产生对企业运营的重大影响。CEO 的组织认同感就是经理人偏好的重要的变动性变量。它很难用金钱去衡量，但的确会显著影响企业的经济产出（Akerlof 和 Kranton，2005，2008，2010）。事实上，CEO 的组织认同感加剧了将自身的利益与企业的利益绑定在一起（Mael 和 Ashforth 1992；汤晓建和林斌，2018）。当企业饱受批评时，组织认同度高的 CEO 会感到尴尬；当企业受到褒扬时，组织认同度高的 CEO 会感到欣喜，而且公司的成功被看成是自己的成功。例如，前京都陶瓷株式会社的 CEO 稻盛和夫先生在日本航空公司濒临破产之际义无反顾地出任该公司的 CEO，并坚持在公司不领取任何薪酬，积极进行企业经营方面的改革。尤其是他以身作则，向员工贯彻自己与企业的利益始终绑定在一起，通过一系列的经营改革实践积提升员工在企业中的幸福感、认同感。最终在其强烈的组织认同感的影响下，积极有效的公司财务决策促使日本航空公司顺利走出了困境。

因此，当 CEO 组织认同度较强时，CEO 更能按照公司利益行事，以此真正发挥出作为公司经营者的角色作用（Davis 等，1997）。当 CEO 组织认同嵌入传统的委托代理模型中，公司所有权和经营权分离所造成的委托代理成本能够得到有效的降低（Boivie 等，2011；Heinle 等，2012）。具体地，组织认同度高的 CEO 不会在公司业绩"低迷"时增加自己的薪酬补偿（Boivie 等，2011），以及不会只注重与自己切身利益相关的公司短期利益（Heinle 等，2012）。总体来看，基于行为心理学的视角，CEO 组织认同能够显著促使 CEO 与公司利益一致。

高阶理论认为，经理人的经验、价值观、个性特征会显著影响他们的决策行为选择（Hambrick 和 Mason，1984；Hambrick，2007）。另外，CEO 位于公司组织科层制架构的最顶端，CEO 的决策权力对公司财务决策行为会产生重要的影响（Bebchuk 和 Fried，2003），进而 CEO 的个性特征会显著影响 CEO 的决策权力，从而直接影响到公司财务决策行为。具体地，CEO 的个性特征（包括过度自信、乐观程度、风险偏好等）会显著影响公司财务决策（Graham 等，2013）。例如，基于过度自信的行为心理学角度，过度自信的 CEO 更易弱化借贷规则，提升公司的资产负债率，以致公司更易遭受财务危机的困扰（Ho 等，2016），以及过度自信的 CEO 会投资净现值小于 0 的项目，公司层面的坏消息被囤积以致诱发公司未来的股价崩盘风险（Kim 等，2016），等等。由此，同样作为 CEO 的一种个性特征，也作为 CEO 一种重要的心理因素，CEO 的组织认同越强，表明 CEO 作为股东代表、按照公司利益行事的意愿越强烈，越能有效降低经理人与股东之间的委托代理成本（Boivie 等，2011；Heinle 等，2012），从而直接对公司财务决策行为产生重要的影响。

所以，基于 CEO 与公司利益一致性的视角，CEO 组织认同会显著影响企业信息披露决策。具体地，CEO 组织认同会显著影响公司坏消息的隐藏行为。但是，在 CEO 与公司利益一致的情况下，CEO 组织认同究竟如何影响公司坏消息隐藏行为目前却不得而知。已有研究表明，"自利"的 CEO 会尽量隐藏公司层面的坏消息（Kothari 等，2009），以此实现个人利益的最大化（许言等，2017；Baginski 等，2017）。那么，在组织认同情境下，较强组织认同感的 CEO 促使其与公司利益一致，让 CEO 考虑到信息披露违规风险可能会损害公司利益，进而抑制了 CEO 对公司层面坏消息的隐藏。较弱的法律制度环境可能促使较强组织认同感的 CEO 隐藏公司层面的坏消息。

第一，在较弱的法律制度环境下，政府与企业存在损害竞争的"合谋"（Collusion）行为。比如，基于地方经济竞争视角，由于 IPO 实行严格的配给制度，地方政府会与所在辖区公司"合谋"，鼓励公司通过盈余管理手段调增公司业绩，同时向所在辖区公司给予一定的政府补助进一步促进其以符合 IPO 要求（Chen 等，2008）。但是，当这样的公司股票上市发行后，往往会在上市后几年内出现"业绩变脸"的情况（Kao 等，2009；逯东等，2014）。

第二，在较弱的法律制度环境下，资本市场就会存在"选择性执法"（Chen 等，2006）、上市公司违法成本低（Jiang 和 Kim，2015）以及投资者对信息披露关注的限制①（王磊和孔东民，2014；李志生等，2017）等问题。比如，相关规定明确要求上市公司必须在年度报告里披露公司支付给会计师事务所的审计费用，但是现实中还是存在部分企业未按规定强制披露公司的审计费用，但却未遭到处罚的情况（张俊生等，2017）。

综上所述，薄弱的法律制度环境滋生了政企合谋现象，弱化了监管机构对上市公司监管的效力，从而在很大程度上也弱化了 CEO 对公司信息披露决策的责任感。比如，即使出现与 CEO 相关的信息披露违规行为，监管机构对其的处罚是固定的，而且不具有威慑力（Jiang 和 Kim，2015）。所以，在较弱的法律制度环境下，CEO 隐藏公司层面的坏消息对于 CEO 而言损失较小，反而在短期内很可能利用隐藏坏消息来获取同行业间竞争优势，以此促进企业短期利益的提升。同样地，较弱的法律制度环境会弱化具有较强组织认同感 CEO 对公司信息披露决策的责任感。CEO 组织认同感促使 CEO 的利益与股东的利益也就是与公司的利益绑定在一起，进而促使 CEO 与股东之间会形成"荣辱与共"的利益链条。另外，已有研究表明，财务信息在资源配置中起着重要的作用（Healy 和 Palepu，2001；周中胜和陈汉文，2008；Armstrong 等，2010），显著影响着同行业间市场竞争优势取得（Harris，1998；Dedman 和 Lennox，2009；Markarian 和 Santaló，2014；Bernard 等，2016）。尤其是，公司为了避免市场竞争优势被同业竞争者掠夺而隐藏公司层面坏消息及时披露（Bernard 等，2016）。由此，在较弱的法律制度环境下，较强组织认同感的 CEO 具有按照公司利益行事的强烈意愿，为了能够获取短期内同行业间竞争优势来实现短期利益的增加，他可能会隐藏公司层面坏消息的披露。即使在强制信息披露的条件下，组织认同感强的 CEO 可能会考虑投资者对信息披露解读能力不足（李小晗和朱红军，2011；徐广成等，2016；丁慧等，2018），采用"捆绑信息披露"的方式隐藏公司层面的坏消息（吴冬梅和刘运国，2012）。

根据股价崩盘风险理论，当公司坏消息被隐藏到一定阈值时，投资者会感知

---

①　我国投资者主要以散户为主，这就造成投资者不一定对证监会要求的所有信息披露关注；投资者对信息披露解读能力普遍不高，由此需要分析师、媒体等市场中介来解读。这些造成了投资者对公司层面坏消息关注不足。

到被 CEO 隐藏的坏消息（Kothari 等，2009）。而且，公司层面的坏消息被囤积的越多，公司财务信息就越不透明（Jin 和 Myers，2006；Hutton 等，2009）。此时，由于公司坏消息的积聚效应，它会产生股价的负偏态性，加剧公司与投资者之间的信息不对称程度，一旦向投资者释放，致使投资者大量抛售公司股价，诱发股票价格的暴跌，从而加剧股价崩盘风险（Hutton 等，2009；Kim 等，2011a；Piotroski 等，2015；张俊生等，2017）。由此可见，短期内，随着组织认同感强的 CEO 一直隐瞒公司层面的坏消息，当公司层面坏消息被隐藏到一定程度时，公司股价崩盘风险的可能性就越大。据此，本章提出第一个假设：

假设 H1：在限定条件下，CEO 组织认同与公司坏消息隐藏显著正相关。

假若前文第一个假设成立，在企业短期利益的驱使下，组织认同感强的 CEO 更易隐藏公司层面的坏消息，以致加剧公司股价崩盘的风险。事实上，这种关系可能使公司陷入困境，尤其是公司亏损的时候表现的更为强烈。根据深圳证券交易所和上海证券交易所《股票上市规则》，如果上市公司连续两年亏损，该股票就会被进行特别处理（股票简称前会被标注 ST）。如果上市公司连续三年亏损，该股票就会被进行退市风险的警示（股票简称前会被标注 *ST）。另外，根据《证券法》，如果公司连续三年亏损后，后一年未能恢复盈利，交易所终止其股票上市交易。此时，公司的亏损势必会影响公司未来的公司财务决策行为，从而影响公司的价值创造。比如，如果公司不能顺利扭亏为盈，公司的商业信用资源会大量流失，股票市场融资、债务融资会受到限制，进而影响到公司的投资。由此，在这种公司亏损的不利情境下，为了防止公司财务状况的进一步恶化，在较弱的法律制度环境下，组织认同感强的 CEO 可能会更有动机隐藏公司层面的坏消息，以此帮助企业渡过短期的财务危机。

综上所述，虽然在公司亏损的情境下组织认同感强的 CEO 隐藏公司层面的坏消息情有可原，但是，这些坏消息被隐藏也会产生一定的负面影响。具体地，由于公司层面的坏消息被囤积到一定阈值时，一旦向投资者释放，加剧了公司与投资者之间的信息不对称程度，会诱发投资者大量抛售股票，以致产生股价暴跌的现象，从而诱发公司的股价崩盘的风险。因此，相比于未亏损的公司，组织认同感强的

CEO 在亏损的公司中更易隐藏公司层面的坏消息，从而加剧公司与投资者之间的信息不对称程度，以致加剧公司的股价崩盘风险。据此，本章提出第二个假设：

假设 H2：在限定条件下，公司亏损会显著加剧 CEO 组织认同与公司坏消息隐藏正相关关系。

6.3　研究设计

6.3.1　数据来源

本章的 CEO 组织认同数据来自证监会中国上市公司内部控制问卷调查数据库。有关证监会中国上市公司内部控制问卷调查数据库介绍如下：

为了做好上市公司内部控制调研工作，证监会上市部牵头组建了证监会上市公司内控调研工作组，由证监会会计部、中国上市公司协会、上海证券交易所、深圳证券交易所、内控专业咨询机构深圳迪博公司和中山大学内部控制研究中心等成员单位组成。证监会上市公司内控工作组综合定性和定量、典型案例研究和大样本研究的方法，组织召开座谈会，向上市公司、会计师事务所和机构投资者发放问卷调查，深入公司现场实地访谈。

在证监会上市部的组织下，经过长达一年的准备，通过多次反复修改和论证，内控调研工作组设计了一整套内部控制调查问卷。内控调研工作组于 2014 年 9 月 5 日，通过上海证券交易所、深圳证券交易所、证监会会计部、中国证券投资基金业协会，分别向 A 股上市公司、具有证券期货执业资格的会计师事务所、机构投资者发放调查问卷。2014 年 10 月 10 日，内控调研工作组召开调查问卷研讨会，分析问卷回收情况，落实调查问卷工作。截至 2014 年 10 月 31 日，共回收 2274 套调查问卷（12730 份），总体回收率为 80.61%。

基于证监会中国上市公司问卷调查数据库中的 CEO 组织认同数据，假定

CEO 组织认同在短期内保持不变，本章选取了 2014~2016 年我国 A 股上市公司的样本数据。具体地，我们根据如下原则进行数据选取：①样本剔除了研究期间内 CEO 离职的公司。②剔除缺失值的公司。③剔除金融类企业的公司。④为了消除 IPO 的影响，剔除上市不足两年的公司。⑤考虑到刚入职不久的 CEO 的组织认同感并不能反映其真实情况，剔除了 CEO 任期不足 2 年的公司。⑥剔除一个会计年度中股票交易日少于 26 周的上市公司（Kim et al.，2011a）。另外，由于问卷是 2014 年下半年调研完成的，如果 CEO 在 2014 年以后离职了所在公司，那么，我们进一步剔除了该 CEO 离职后的样本数据。最终得到 2014~2016 年 3195 家样本公司。为了降低异常值的影响，本章对连续变量在 1%~99% 分位数水平上进行了 Winsorize 处理。此外，本章财务及其他数据来源于 CSMAR 数据库。

6.3.2 变量定义

6.3.2.1 被解释变量

借鉴 Chen 等（2001）、Hutton 等（2009）、Kim 等（2011a）、Piotroski 等（2015）、许言等（2017），本部分选取负收益偏态系数（Negative Conditional Return Skewness）与收益上下波动的比率（Down-to-up Volatility）作为公司坏消息隐藏的替代变量。其中，两者数值越大，表明公司坏消息隐藏程度越大，更可能诱发公司股价崩盘风险。

（1）负收益偏态系数（Negative Conditional Return Skewness）。

考虑市场因素的影响，使用个股周收益率对市场周流通市值加权平均收益率的回归，来得出个股未被市场所解释的部分。具体估计模型如下：

$$R_{i,t} = \alpha_i + \beta_{1,i} R_{m,t-2} + \beta_{2,i} R_{m,t-1} + \beta_{3,i} R_{m,t} + \beta_{4,i} R_{m,t+1} + \beta_{5,i} R_{m,t+2} + \varepsilon_{i,t} \qquad (6-1)$$

其中，$R_{i,t}$ 表示公司 i 的第 t 周个股收益率，$R_{m,t-2}$ 表示第 t-2 周市场收益率，$R_{m,t-1}$ 表示第 t-1 周市场收益率，$R_{m,t}$ 表示第 t 周市场收益率，$R_{m,t+1}$ 表示第 t+1 周市场收益率，$R_{m,t+2}$ 表示第 t+2 周市场收益率。其中，加入市场周收益率滞后项和超前项的原因是为了控制非同步交易带来的影响（Dimson，1979）。$\varepsilon_{i,t}$ 为个股未被市场所解释的部分。如果 $\varepsilon_{i,t}$ 为负且绝对值越大，说明公司 i 的股票股市场收益相背离的程度越大。使用 $W_{i,t} = \ln (1+\varepsilon_{i,t})$ 作为公司特定周收益率。

因此，衡量股价崩盘风险的第一个指标为负收益偏态系数（Negative Conditional Return Skewness），记为 NCSKEW。具体计算公式如下：

$$NCSKEW_{i,t} = \frac{-\left[n(n-1)^{3/2} \sum W_{i,t}^3\right]}{\left[(n-1)(n-2)\left(\sum W_{i,t}^2\right)^{3/2}\right]} \tag{6-2}$$

其中，n 表示股票 i 在第 t 年中交易的周数。

（2）收益上下波动的比率（Down-to-up Volatility）。

衡量股价崩盘风险第二个指标为收益上下波动的比率（Down-to-up Volatility）。其可以捕捉到股票收益率非对称波动。具体计算公式如下：

$$DUVOL_{i,t} = \log\left\{\frac{(n_u - 1) \sum_{Down} W_{i,t}^2}{\left[(n_d - 1) \sum_{Up} W_{i,t}^2\right]}\right\} \tag{6-3}$$

其中，n_u（n_d）表示股票 i 的周回报率高于（低于）当年回报率均值的周数。

6.3.2.2　解释变量

本部分的解释变量为 CEO 组织认同（CEO_OI）。该数据来源于证监会 2014 年中国上市公司问卷调查数据库中组织认同量表。其中，该量表参考了 Mael 和 Ashforth（1992）的研究方法。若 CEO 填写表 6-1，取值范围为 1~5，1 表示完全不符合、2 表示部分符合、3 表示一般、4 表示符合、5 表示完全符合；否则为缺失值。然后，对应加总每一位 CEO 的组织认同度测度得分取平均值，分值越高，其组织认同度就越高。其数值越大，CEO 所对应的组织认同感就越强。为了消除量纲的影响，本文对 CEO 组织认同分别进行了中心化处理。

表 6-1　组织认同量表

我认为以下陈述	完全不符合	部分符合	一般	符合	完全符合
当有人批评我的公司时，我感觉就像在批评自己一样					
我很想知道其他人是怎么看待我的公司的					
我经常用"我们……"来描述我的公司的情况，而不是用"他们……"					

我认为以下陈述	完全不符合	部分符合	一般	符合	完全符合
我认为，我的公司的成功就是我的成功					
当有人赞扬我的公司时，我感觉这也是对我个人的赞扬					
假如我的公司因某事被媒体批评，我会感觉很尴尬					

注：请根据您所在公司和您个人的实际情况，在相应的空格画"√"。

6.3.2.3 调节变量

本部分的调节变量为公司亏损变量。如果公司当年净利润小于0，公司亏损变量取值为1，表明公司亏损；否则，公司亏损变量取值为0。

6.3.2.4 控制变量

借鉴以往研究（Chen 等，2001；Hutton 等，2009；Kim 等，2011a；张俊生等，2017），本部分分别选取以下控制变量：当期个股月均超额换手率减去上一期个股月均换手率（$DTURN_{i,t}$）；公司当期会计年度周收益标准差（$SIGMA_{i,t}$）；公司会计当期年度周收益平均值（$RET_{i,t}$）；公司规模（$SIZE_{i,t}$），其值等于期末资产取对数；账面市价比（$BM_{i,t}$）；资产负债率（$LEV_{i,t}$），其值等于公司负债总额与资产总额比值；资产收益率（$ROA_{i,t}$），其值等于净利润/资产总额；借鉴 Dechow 等（1995）的计算得出的可操控性应计的绝对值按其中位数分组取值，如果其值大于或等于其中位数，则取值为1，表明公司信息不透明；否则，取值为0，表明公司信息透明，进而表示公司信息透明度（$ABACC_{i,t}$）。此外，本部分也控制了企业性质（$SOE_{i,t}$）。如果公司为国有控股上市公司，取值为1；如果公司为非国有控股上市公司，取值为0。具体变量定义如表6-2所示。本部分通过行业和年份虚拟变量控制了行业和年份固定效应。

表6-2 变量定义

变量	变量定义
公司坏消息隐藏变量	
$NCSKEW_{i,t+1}$	超前一期负收益偏态系数
$DUVOL_{i,t+1}$	超前一期收益上下波动的比率

续表

变量	变量定义
CEO 组织认同变量	
$CEO\_OI_{i,t}$	取自证监会 2014 年中国上市公司问卷调查数据库中组织认同度量表，由量表中对应 6 项指标加总取均值后得出的数值。该数值取值范围为 [1，5]。其数值越大，CEO 所对应的组织认同感就越强
公司亏损变量	
$LOSS_{i,t}$	如果公司当年净利润小于 0，取值为 1，表明公司亏损；否则，取值为 0
控制变量	
$DTURN_{i,t}$	当期个股月均超额换手率减去上一期个股月均换手率
$NCSKEW_{i,t}$	当期负收益偏态系数
$DUVOL_{i,t}$	当期收益上下波动的比率
$SIGMA_{i,t}$	公司当期会计年度周收益标准差
$RET_{i,t}$	公司当期会计年度周收益平均值
$SIZE_{i,t}$	公司规模。其值等于当期期末资产取对数后的值
$BM_{i,t}$	账面市价比
$LEV_{i,t}$	资产负债率。其值等于公司负债总额与资产总额比值
$ROA_{i,t}$	资产收益率。其值等于净利润/资产总额
$ABACC_{i,t}$	借鉴 Dechow 等（1995）的计算得出的可操控性应计的绝对值按其中位数分组取值，如果其值大于或等于其中位数，则取值为 1，表明公司信息不透明；否则，如果其值小于其中位数，取值为 0，表明公司信息透明
$SOE_{i,t}$	企业性质。如果公司为国有控股，取值为 1；否则，如果公司为非国有控股，取值为 0

6.3.3　模型设定

参考 Chen 等（2001）、Hutton 等（2009）、Kim 等（2011a；2011b）和张俊生等（2017）的研究，为了验证假设 H1，我们构建了检验模型（6-4）：

$$NCSKEW_{i,t}（DUVOL_{i,t}）=\alpha_0+\alpha_1 CEO\_OI_{i,t}+\alpha_2 DTURN_{i,t}+\alpha_3 NCSKEW_{i,t}（DUVOL_{i,t}）+\alpha_4 SIGMA_{i,t}+\alpha_5 RET_{i,t}+\alpha_6 BM_{i,t}+\alpha_7 LEV_{i,t}+\alpha_8 ROA_{i,t}+\alpha_9 ABACC_{i,t}+\alpha_{10}SOE_{i,t}+INDUSTRY+YEAR+\varepsilon$$

$$(6-4)$$

其中，如果 α_1 为正值，且在统计上显著，则表明组织认同感强的 CEO 加剧了公司股价崩盘风险。

为了验证假设 H2，我们构建了模型（6-5）：

$$\text{NCSKEW}_{i,t}\ (\text{DUVOL}_{i,t}) = \alpha_0 + \alpha_1 \text{CEO\_OI}_{i,t} + \alpha_2 \text{LOSS}_{i,t} + \alpha_3 \text{CEO\_OI}_{i,t} \times \text{LOSS}_{i,t} +$$
$$\alpha_4 \text{DTURN}_{i,t} + \alpha_5 \text{NCSKEW}_{i,t}\ (\text{DUVOL}_{i,t})\ + \alpha_6 \text{SIGMA}_{i,t} + \alpha_7 \text{RET}_{i,t} + \alpha_8 \text{BM}_{i,t} + \alpha_9 \text{LEV}_{i,t} +$$
$$\alpha_{10} \text{ROA}_{i,t} + \alpha_{11} \text{ABACC}_{i,t} + \alpha_{12} \text{SOE}_{i,t} + \text{INDUSTRY} + \text{YEAR} + \varepsilon \tag{6-5}$$

其中，如果 α_3 为正值，且在统计上显著，则表明相比于未亏损的公司，组织认同感强的 CEO 更易在亏损公司中加剧股价崩盘风险。

6.4　实证结果讨论与分析

6.4.1　描述性统计结果分析

表 6-3 表示本部分使用变量的描述性统计结果。$\text{NCSKEW}_{i,t+1}$ 和 $\text{DUVOL}_{i,t+1}$ 均值分别为 -0.335 和 -0.232，与以往中国情境下上市公司的股价崩盘风险研究较为类似（许年行等，2013；叶康涛等，2015；张俊生等，2017）。未中心化后的 $\text{CEO\_OI}_{i,t}$ 均值为 4.265，表明样本公司 CEO 的组织认同感存在正态分布右偏的倾向，以此反映研究中的样本公司 CEO 的组织认同感普遍较高。$\text{LOSS}_{i,t}$ 的均值为 0.092，表明样本公司中有 9.2% 的公司存在业绩亏损。

表 6-3　描述性统计结果

Variable	N	Mean	Median	Std. Dev.	Min	Max
$\text{NCSKEW}_{i,t+1}$	3195	-0.335	-0.332	0.680	-2.376	1.541
$\text{DUVOL}_{i,t+1}$	3195	-0.232	-0.226	0.474	-1.409	1.014
$\text{CEO\_OI}_{i,t}$	3195	4.265	4.333	0.644	1.000	5.000
$\text{LOSS}_{i,t}$	3195	0.092	0.000	0.290	0.000	1.000
$\text{DTURN}_{i,t}$	3195	0.039	0.045	0.282	-0.680	0.761

续表

Variable	N	Mean	Median	Std. Dev.	Min	Max
$NCSKEW_{i,t}$	3195	−0.387	−0.382	0.661	−2.311	1.302
$DUVOL_{i,t}$	3195	−0.287	−0.284	0.456	−1.409	0.850
$SIGMA_{i,t}$	3195	0.078	0.070	0.032	0.032	0.179
$RET_{i,t}$	3195	0.009	0.007	0.011	−0.011	0.047
$SIZE_{i,t}$	3195	22.176	22.038	1.148	19.756	25.669
$BM_{i,t}$	3195	0.704	0.479	0.681	0.060	3.788
$LEV_{i,t}$	3195	0.418	0.405	0.201	0.060	0.868
$ROA_{i,t}$	3195	0.037	0.033	0.047	−0.132	0.176
$ABACC_{i,t}$	3195	0.511	1.000	0.500	0.000	1.000
$SOE_{i,t}$	3195	0.348	0.000	0.477	0.000	1.000

$SOE_{i,t}$ 均值为 0.348，表明国有控股公司占样本公司总数比例为 34.8%，而非国有控股公司的占比为 65.2%。$DTURN_{i,t}$ 均值为 0.039，$NCSKEW_{i,t}$ 均值为 −0.387，$DUVOL_{i,t}$ 均值为 −0.287，$SIGMA_{i,t}$ 均值为 0.078，$RET_{i,t}$ 均值为 0.009，$SIZE_{i,t}$ 均值为 22.176，$BM_{i,t}$ 均值为 0.704，$LEV_{i,t}$ 均值为 0.418，$ROA_{i,t}$ 均值为 0.037。这些股价崩盘风险控制变量均值结果基本与以往研究一致。

6.4.2　相关性分析

表 6-4 表示本部分使用变量的相关性分析结果。其中，$CEO\_OI_{i,t}$ 与 $NCSKEW_{i,t+1}$ 在 1% 统计水平上存在显著正相关关系，$CEO\_OI_{i,t}$ 与 $DUVOL_{i,t+1}$ 在 1% 统计水平上存在显著正相关关系，初步表明，组织认同感强的 CEO 更易隐藏公司层面坏消息，从而诱发公司未来的股价崩盘风险。$LOSS_{i,t}$ 分别与 $NCSKEW_{i,t+1}$、$DUVOL_{i,t+1}$ 存在正相关关系，但在统计上并不显著。虽然公司亏损与股价崩盘风险指标在统计上并不显著，但是至少表明亏损的公司较未亏损的公司更可能隐藏公司层面坏消息，从而有诱发公司股价崩盘风险的可能性。$CEO\_OI_{i,t}$ 与 $LOSS_{i,t}$ 存在负相关关系，但在统计上并不显著。这至少表明组织认同感强的 CEO 尽量不使企业处于亏损困境。

表 6-4 相关性分析结果

Variable	(1)	(2)	(3)	(4)	(5)	(6)	(7)	(8)	(9)	(10)	(11)	(12)	(13)	(14)
$NCSKEW_{i,t+1}$	1													
$DUVOL_{i,t+1}$	0.818***	1												
$CEO\_OI_{i,t}$	0.056***	0.038**	1											
$LOSS_{i,t}$	0.026	0.027	-0.025	1										
$DTURN_{i,t}$	-0.119***	-0.182***	-0.002	0.089***	1									
$NCSKEW_{i,t}$	0.010	-0.020	0.056***	0.032	0.125***	1								
$DUVOL_{i,t}$	-0.001	-0.026	0.026	0.033*	0.113***	0.808***	1							
$SIGMA_{i,t}$	-0.127***	-0.186***	-0.005	0.073***	0.507***	0.150***	0.064***	1						
$RET_{i,t}$	-0.052***	-0.167***	-0.005	0.047***	0.566***	0.163***	0.101***	0.680***	1					
$SIZE_{i,t}$	-0.113***	-0.086***	0.002	-0.067***	-0.055***	-0.132***	-0.122***	-0.206***	-0.194***	1				
$BM_{i,t}$	-0.062***	-0.029	-0.005	0.063***	-0.048***	-0.143***	-0.100***	-0.261***	-0.205***	0.703***	1			
$LEV_{i,t}$	-0.025	-0.023	-0.016	0.190***	0.032*	-0.037*	-0.042**	-0.033*	-0.012	0.496***	0.604***	1		
$ROA_{i,t}$	0.008	0.004	0.033*	-0.616***	-0.085***	-0.022	-0.026	-0.126***	-0.049***	-0.007	-0.250***	-0.394***	1	
$ABACC_{i,t}$	0.036**	0.022	0.001	0.050***	-0.023	0.030*	0.011	0.053***	0.041**	-0.041**	-0.064***	0.031*	-0.002	1
$SOE_{i,t}$	-0.085***	-0.056***	-0.017	0.098***	0.027	-0.106***	-0.085***	-0.121***	-0.095***	0.294***	0.338***	0.284***	-0.166***	-0.057***

注：$N=3195$；* 表示 $p<0.1$，** 表示 $p<0.05$，*** 表示 $p<0.01$。

6.4.3 回归结果分析

表6-5表示 CEO 组织认同（$CEO\_OI_{i,t}$）与公司股价崩盘风险（$NCSKEW_{i,t+1}$、$DUVOL_{i,t+1}$）关系的回归结果。其中，如（1）和（3）的回归结果所示，在不控制任何控制变量的情况下，CEO 组织认同（$CEO\_OI_{i,t}$）与超前一期负收益偏态系数（$NCSKEW_{i,t+1}$）在1%统计水平上存在显著正相关关系（回归系数 = 0.060，t 值 = 3.22），CEO 组织认同（$CEO\_OI_{i,t}$）与超前一期收益上下波动的比率（$DUVOL_{i,t+1}$）在5%统计水平上存在显著正相关关系（回归系数 = 0.028，t 值 = 2.14），初步表明，组织认同感强的 CEO 会加剧公司坏消息隐藏。

如（2）和（4）的回归结果所示，在控制股价崩盘风险相关的控制变量后，CEO 组织认同（$CEO\_OI_{i,t}$）与超前一期负收益偏态系数（$NCSKEW_{i,t+1}$）在1%统计水平上存在显著正相关关系（回归系数 = 0.059，t 值 = 3.23），CEO 组织认同（$CEO\_OI_{i,t}$）与超前一期收益上下波动的比率（$DUVOL_{i,t+1}$）在5%统计水平上存在显著正相关关系（回归系数 = 0.030，t 值 = 2.28），由此表明，组织认同感强的 CEO 会加剧公司坏消息隐藏，从而支持了假设 H1。

表6-5 回归结果

变量	D. V. $NCSKEW_{i,t+1}$		D. V. $DUVOL_{i,t+1}$	
	（1）	（2）	（3）	（4）
$CEO\_OI_{i,t}$	0.060***	0.059***	0.028**	0.030**
	(3.22)	(3.23)	(2.14)	(2.28)
CONSTANT	−0.335***	1.193***	−0.232***	0.751***
	(−27.77)	(3.37)	(−27.78)	(2.98)
Controls	NO	YES	NO	YES
INDUSTRY FE	NO	YES	NO	YES
YEAR FE	NO	YES	NO	YES
Adjusted−R^2	0.003	0.060	0.001	0.082
N	3195	3195	3195	3195

注：* 表示 $p<0.1$、** 表示 $p<0.05$、*** 表示 $p<0.01$，（1）~（4）括号内的数据为 t 值。其中，稳括号中的 t 值经过异方差调整和稳健标准误是公司层面聚类调整后的值。

表 6-6 表示在公司亏损情境下 CEO 组织认同（CEO_OI$_{i,t}$）与公司股价崩盘风险（NCSKEW$_{i,t+1}$、DUVOL$_{i,t+1}$）关系的回归结果。其中，如（1）列和（2）列的回归结果所示，在控制股价崩盘风险相关的控制变量后，CEO 组织认同和公司亏损交互项（CEO_OI$_{i,t}$×LOSS$_{i,t}$）与超前一期负收益偏态系数（NCSKEW$_{i,t+1}$）在 5% 统计水平上存在显著正相关关系（回归系数 = 0.112，t 值 = 2.03），CEO 组织认同和公司亏损交互项（CEO_OI$_{i,t}$×LOSS$_{i,t}$）与超前一期收益上下波动的比率（DUVOL$_{i,t+1}$）在 10% 统计水平上存在显著正相关关系（回归系数 = 0.073，t 值 = 1.67），由此表明，相比于未亏损的公司，组织认同感越高的 CEO 更可能加剧亏损公司坏消息隐藏，从而支持了假设 H2。

表 6-6　公司亏损情境下的回归结果

变量	D. V. NCSKEW$_{i,t+1}$	D. V. DUVOL$_{i,t+1}$
	（1）	（2）
CEO_OI$_{i,t}$	0.047**	0.022
	（2.42）	（1.64）
LOSS$_{i,t}$	0.099**	0.081**
	（2.01）	（2.24）
CEO_OI$_{i,t}$×LOSS$_{i,t}$	0.112**	0.073*
	（2.03）	（1.67）
CONSTANT	1.154***	0.718***
	（3.26）	（2.84）
Controls	YES	YES
INDUSTRY FE	YES	YES
YEAR FE	YES	YES
Adjusted-R^2	0.062	0.084
N	3195	3195

注：* 表示 p<0.1、** 表示 p<0.05、*** 表示 p<0.01，（1）～（2）括号内的数据为 t 值。其中，稳括号中的 t 值经过异方差调整和稳健标准误是公司层面聚类调整后的值。

综上所述，由于在委托代理理论模型中组织认同能促使 CEO 与公司利益一致，所以，在公司短期利益的驱使下，组织认同感越强的 CEO 更易隐藏公司层面的坏消息，从而诱发了公司未来的股价崩盘风险。此外，相比于未亏损的公司，组织认同感越高的 CEO 在亏损公司更易隐藏公司层面的坏消息，从而更易加剧亏损公司未来的股价崩盘风险。由此可见，组织认同感强的 CEO 会将自己的利益与企业利益绑定在一起，当存在不利于公司经营的财务或者非财务信息，尤其当公司面临亏损的财务困境时，他们会尽量隐藏此类坏消息的披露，以此符合企业短期的经济利益。但是，由于公司层面坏消息被囤积到一定阈值时，这就会诱发公司的股价崩盘风险。所以，组织认同感强的 CEO 为了企业的短期利益会隐藏公司层面的坏消息，但这会对企业经营产生未来的负面影响，即股价崩盘的风险。

6.4.4　稳健性检验

6.4.4.1　内生性检验

本部分可能存在以下内生性问题对研究结论的干扰。一方面，CEO 的组织认同会诱发公司股价崩盘风险，而存在公司股价崩盘风险的公司中 CEO 组织认同可能原本就很强烈，即存在反向因果问题。另一方面，CEO 组织认同对股价崩盘风险的影响可能会受到某些遗漏变量的干扰，即存在遗漏变量问题。由于传统的股价崩盘风险影响的模型中解释变量和控制变量相对被解释变量都是滞后一期的，这在很大程度上能够消除股价崩盘风险带来的反向因果问题（Kim 和 Zhang，2016）。而且，在控制变量中加入被解释变量的滞后一期能够缓解被解释变量带来的反向因果问题，而且在传统的股价崩盘模型中控制变量都存在滞后一期的股价崩盘风险指标去消除其反向因果的问题（Kim 和 Zhang，2016），所以，本部分对 CEO 组织认同与股价崩盘风险关系的反向因果关系已在模型（6-4）、模型（6-5）中做出了一定的努力。因此，本部分主要的内生性问题应该来源于遗漏变量问题。本部分对 CEO 组织认同与股价崩盘风险遗漏变量问题进行了比较详细的补充论证，具体如下：

（1）考虑 CEO 人口统计学特征的影响。

根据高阶理论，经理人的人口统计学特征（包括性别、年龄、教育背景等）会显著影响他们的决策行为选择（Hambrick 和 Mason，1984），所以，CEO 的人口统计学特征也会显著影响到公司的坏消息隐藏，从而影响到公司股价崩盘风险。由此，遗漏对 CEO 的人口统计学特征变量可能会干扰到 CEO 组织认同与股价崩盘风险关系的研究发现。也就是说，真正影响股价崩盘风险因素可能是 CEO 的人口统计学特征，而并不是 CEO 的组织认同。比如，已有研究也发现 CEO 的性别、年龄会影响到公司的股价崩盘风险（李小荣和刘行，2012）。进而，为了克服遗漏变量问题的影响，在模型（6-4）、模型（6-5）中有必要控制 CEO 的人口统计学特征。常见的 CEO 人口统计学变量主要有 CEO 的性别、教育背景、年龄和任职期限。此数据我们从中国研究数据服务平台获得（CNRDS）。其中，相应的变量定义如下：①CEO 性别（CEO_MALE$_{i,t}$）：如果 CEO 为男性，取值为 1；否则，取值为 0。②CEO 教育背景（CEO_EDU$_{i,t}$）。如果 CEO 为博士学历，取值为 4；如果 CEO 为硕士学历，取值为 3；如果 CEO 为本科学历，取值为 2；如果 CEO 为大专学历，取值为 1；如果 CEO 为高中及以下学历，取值为 0。③CEO 年龄（CEO_AGE$_{i,t}$）。④CEO 任职期限（CEO_TENURE$_{i,t}$）。相应地，CEO 性别（CEO_MALE$_{i,t}$）的均值为 0.934，表明 93.4% 的公司 CEO 是男性，而 6.6% 的公司 CEO 是女性。CEO 教育背景（CEO_EDU$_{i,t}$）均值为 2.50，表明样本公司中 CEO 学历普遍是本科学历。此外，CEO 年龄（CEO_AGE$_{i,t}$）均值为 49.42，表明样本公司 CEO 平均年龄为 49 岁。而 CEO 任职期限（CEO_TENURE$_{i,t}$）的均值为 5.72，表明样本公司 CEO 普遍任职年限大于 5 年。

表 6-7 表示在控制 CEO 人口统计学特征变量——CEO 性别（CEO_MALE$_{i,t}$）、CEO 教育背景（CEO_EDU$_{i,t}$）、CEO 年龄（CEO_AGE$_{i,t}$）和 CEO 任职期限（CEO_TENURE$_{i,t}$）后 CEO 组织认同（CEO_OI$_{i,t}$）与公司股价崩盘风险（NCSKEW$_{i,t+1}$、DUVOL$_{i,t+1}$）关系的回归结果。其中，如（1）和（3）的回归结果所示，在控制 CEO 人口统计学特征变量后，CEO 组织认同（CEO_OI$_{i,t}$）与超前一期负收益偏态系数（NCSKEW$_{i,t+1}$）在 1% 统计水平上存在显著正相关关系（回归系数 = 0.059，t 值 = 3.24），CEO 组织认同（CEO_OI$_{i,t}$）与超前一期收益

上下波动的比率（$DUVOL_{i,t+1}$）在 5% 统计水平上存在显著正相关关系（回归系数 = 0.029，t 值 = 2.27）。由此表明，在控制 CEO 人口统计学特征变量后，组织认同感强的 CEO 仍会加剧公司坏消息隐藏。如（2）和（4）的回归结果所示，在控制 CEO 人口统计学特征变量后，CEO 组织认同和公司亏损交互项（$CEO\_OI_{i,t} \times LOSS_{i,t}$）与超前一期负收益偏态系数（$NCSKEW_{i,t+1}$）在 5% 统计水平上存在显著正相关关系（回归系数 = 0.113，t 值 = 2.03），CEO 组织认同和公司亏损交互项（$CEO\_OI_{i,t} \times LOSS_{i,t}$）与超前一期收益上下波动的比率（$DUVOL_{i,t+1}$）在 10% 统计水平上存在显著正相关关系（回归系数 = 0.073，t 值 = 1.68）。由此表明，在控制 CEO 人口统计学特征变量后，相比于未亏损的公司，组织认同感越高的 CEO 仍然更可能加剧亏损公司坏消息隐藏。

表 6-7 考虑 CEO 人口统计学特征

变量	D. V. $NCSKEW_{i,t+1}$		D. V. $DUVOL_{i,t+1}$	
	（1）	（2）	（3）	（4）
$CEO\_OI_{i,t}$	0.059***	0.047**	0.029**	0.022
	(3.24)	(2.43)	(2.27)	(1.62)
$LOSS_{i,t}$	—	0.100**	—	0.082**
		(2.02)		(2.26)
$CEO\_OI_{i,t} \times LOSS_{i,t}$	—	0.113**	—	0.073*
		(2.03)		(1.68)
$CEO\_MALE_{i,t}$	0.016	0.015	−0.005	−0.005
	(0.31)	(0.31)	(−0.13)	(−0.14)
$CEO\_EDU_{i,t}$	0.007	0.007	0.002	0.002
	(0.47)	(0.45)	(0.16)	(0.15)
$CEO\_AGE_{i,t}$	0.001	0.001	0.001	0.001
	(0.48)	(0.62)	(0.51)	(0.66)
$CEO\_TENURE_{i,t}$	−0.002	−0.002	−0.001	−0.001
	(−0.48)	(−0.48)	(−0.47)	(−0.48)
CONSTANT	1.130***	1.075***	0.719***	0.675**
	(3.03)	(2.89)	(2.69)	(2.52)

续表

变量	D. V. NCSKEW$_{i,t+1}$		D. V. DUVOL$_{i,t+1}$	
	（1）	（2）	（3）	（4）
Controls	YES	YES	YES	YES
INDUSTRY FE & YEAR FE	YES	YES	YES	YES
Adjusted-R^2	0.059	0.061	0.081	0.083
N	3195	3195	3195	3195

注：＊表示 p<0.1、＊＊表示 p<0.05、＊＊＊表示 p<0.01，（1）～（4）括号内的数据为 t 值。其中，稳括号中的 t 值经过异方差调整和稳健标准误是公司层面聚类调整后的值。

综上所述，在控制 CEO 的性别、年龄、教育背景和任职期限的人口统计学特征变量后，本部分的研究结论依旧成立，以此验证本部分的研究发现是稳健的。即组织认同感强的 CEO 在公司短期利益驱使下会隐藏公司层面的坏消息，以致该短视行为会诱发公司股价崩盘风险。而且，这种关系在亏损的公司更为显著。

（2）考虑公司治理特征的影响。

除 CEO 人口统计学特征变量会产生对本部分研究结论的遗漏变量问题的干扰之外，公司治理相关的特征变量可能也会对本部分的研究发现产生遗漏变量问题的干扰。比如，两职合一会促使 CEO 决策权力的加大（杨兴全等，2014），而 CEO 的决策权力对公司财务决策行为会产生重要的影响（Bebchuk 和 Fried，2003）。此时，CEO 两职合一就会影响到公司信息披露决策，进而可能会加剧公司层面坏消息隐藏，从而诱发公司未来股价崩盘风险。与此相同地，还有董事会独立性变量——董事会规模、独立董事比例以及大股东持股比例可能也会影响公司的信息披露决策，从而影响到公司层面坏消息隐藏行为，进而影响公司未来的股价崩盘风险。其中，董事会独立性越高，公司的信息披露质量就越高，抑制了公司层面坏消息隐藏，从而抑制了公司未来的股价崩盘风险（梁权熙和曾海舰，2016）。另外，大股东持股比例的提高，可能会加大对管理层的监督，抑制了公司层面坏消息隐藏，从而抑制了公司未来的股价崩盘风险（王化成等，2015）。

本部分进一步控制了两职合一（DUAL$_{i,t}$）、董事会规模（BDSIZE$_{i,t}$）、独立董事比例（IDR$_{i,t}$）、大股东持股比例（LARGESHAH$_{i,t}$）的影响。其中，相应的变量定义如下：①两职合一（DUAL$_{i,t}$）：如果总经理和董事长为同一人，取值为1；否则，取值为0。②董事会规模（BDSIZE$_{i,t}$）：其值为董事会人数去自然对数后的数值。③独立董事比例（IDR$_{i,t}$）：其值为独立董事人数与董事会人数比值。④大股东持股比例（LARGESHAH$_{i,t}$）：其值为大股东的持股总数与公司发行在外普通股总数的比值。相应地，两职合一（DUAL$_{i,t}$）均值为0.293，表明29.3%的样本公司两职合一，而70.7%的样本公司是两职分离的。董事会规模（BDSIZE$_{i,t}$）均值为2.13。独立董事比例（IDR$_{i,t}$）均值为0.375，表明样本公司独立董事人数占董事会人数的平均占比为37.5%。大股东持股比例（LARGESHAH$_{i,t}$）均值为0.248，表明样本公司大股东的持股总数与公司发行在外普通股总数的平均占比为24.8%。

表6-8表示在控制公司治理特征变量——两职合一（DUAL$_{i,t}$）、董事会规模（BDSIZE$_{i,t}$）、独立董事比例（IDR$_{i,t}$）、大股东持股比例（LARGESHAH$_{i,t}$）后CEO 组织认同（CEO_OI$_{i,t}$）与公司股价崩盘风险（NCSKEW$_{i,t+1}$、DUVOL$_{i,t+1}$）关系的回归结果。其中，其中，如（1）和（3）的回归结果所示，在控制公司治理特征变量后，CEO 组织认同（CEO_OI$_{i,t}$）与超前一期负收益偏态系数（NCSKEW$_{i,t+1}$）在1%统计水平上存在显著正相关关系（回归系数 = 0.058，t 值 = 3.12），CEO 组织认同（CEO_OI$_{i,t}$）与超前一期收益上下波动的比率（DUVOL$_{i,t+1}$）在5%统计水平上存在显著正相关关系（回归系数 = 0.029，t 值 = 2.18）。由此表明，在控制公司治理特征变量后，组织认同感强的 CEO 仍会加剧公司坏消息隐藏。如（2）和（4）的回归结果所示，在控制公司治理特征变量后，CEO 组织认同和公司亏损交互项（CEO_OI$_{i,t}$×LOSS$_{i,t}$）与超前一期负收益偏态系数（NCSKEW$_{i,t+1}$）在5%统计水平上存在显著正相关关系（回归系数 = 0.115，t 值 = 2.06），CEO 组织认同和公司亏损交互项（CEO_OI$_{i,t}$×LOSS$_{i,t}$）与超前一期收益上下波动的比率（DUVOL$_{i,t+1}$）在10%统计水平上存在显著正相关关系（回归系数 = 0.074，t 值 = 1.70），由此表明，在控制公司治理特征变量后，相比于未亏损的公司，组织认同感越高的 CEO 仍然更可能加剧公司坏消息隐藏。

表 6-8 考虑公司治理特征

变量	D. V. NCSKEW$_{i,t+1}$		D. V. DUVOL$_{i,t+1}$	
	(1)	(2)	(3)	(4)
CEO_ OI$_{i,t}$	0.058***	0.045**	0.029**	0.020
	(3.12)	(2.31)	(2.18)	(1.53)
LOSS$_{i,t}$	—	0.100**	—	0.080**
		(2.03)		(2.22)
CEO_ OI$_{i,t}$×LOSS$_{i,t}$	—	0.115**	—	0.074*
		(2.06)		(1.70)
CONSTANT	1.005**	0.966**	0.581**	0.551*
	(2.54)	(2.45)	(2.02)	(1.91)
Controls	YES	YES	YES	YES
INDUSTRY FE & YEAR FE	YES	YES	YES	YES
Adjusted−R^2	0.061	0.062	0.082	0.084
N	3195	3195	3195	3195

注：* 表示 p<0.1、** 表示 p<0.05、*** 表示 p<0.01、（1）~（4）括号内的数据为 t 值。其中，稳括号中的 t 值经过异方差调整和稳健标准误是公司层面聚类调整后的值。

综上所述，在控制两职合一、董事会规模、独立董事比例和大股东持股比例的公司治理特征变量后，本部分的研究结论依旧成立，以此验证本部分的研究发现是稳健的。即组织认同感强的 CEO 在公司短期利益驱使下会隐藏公司层面的坏消息，以致该短视行为会诱发公司股价崩盘风险，而且，这种关系在亏损的公司更为显著。

（3）考虑其他遗漏变量问题的影响。

正如前文所述，本部分的研究结论可能会受到 CEO 人口统计学特征、公司治理特征的影响，所以，本部分在分别控制了 CEO 人口统计学特征、公司治理特征影响后本文的研究结论依旧成立。但是，除此之外，研究发现还可能受到其他隐性遗漏变量的干扰。由此，本部分采用固定效应模型去克服其他遗漏变量问题对本文研究结论的干扰。

在本部分中，由于受问卷的限制，解释变量 CEO 组织认同（CEO_OI$_{i,t}$）不随时间的变化而变化，所以，本部分无法使用传统的固定效应模型。基于此，本部分参考 Aghion 等（2013）、Kim 和 Zhang（2016）的固定效应模型处理方法，使用被解释变量的时间序列变化情况来控制公司固定效应的影响。由此，本部分计算出被解释变量股价崩盘风险指标（$NCSKEW_{i,t+1}$、$DUVOL_{i,t+1}$）样本期间前三年（2011~2013 年）的均值，并用该均值来衡量公司固定效应。具体地，本部分分别在模型（6-4）和模型（6-5）中控制公司固定效应（$FIXED\_NCSKEW_{i,t}$、$FIXED\_DUVOL_{i,t}$）后重新进行回归结果检验。

表 6-9 表示在控制公司固定效应（$FIXED\_NCSKEW_{i,t}$、$FIXED\_DUVOL_{i,t}$）后 CEO 组织认同（$CEO\_OI_{i,t}$）与公司股价崩盘风险（$NCSKEW_{i,t+1}$、$DUVOL_{i,t+1}$）关系的回归结果。其中，如（1）和（3）的回归结果所示，在控制公司固定效应后，CEO 组织认同（$CEO\_OI_{i,t}$）与超前一期负收益偏态系数（$NCSKEW_{i,t+1}$）在 1% 统计水平上存在显著正相关关系（回归系数 = 0.057，t 值 = 3.07），CEO 组织认同（$CEO\_OI_{i,t}$）与超前一期收益上下波动的比率（$DUVOL_{i,t+1}$）在 5% 统计水平上存在显著正相关关系（回归系数 = 0.029，t 值 = 2.22）。由此表明，在控制公司固定效应后，组织认同感强的 CEO 仍会加剧公司坏消息隐藏。如（2）和（4）的回归结果所示，在控制公司固定效应后，CEO 组织认同和公司亏损交互项（$CEO\_OI_{i,t} \times LOSS_{i,t}$）与超前一期负收益偏态系数（$NCSKEW_{i,t+1}$）在 5% 统计水平上存在显著正相关关系（回归系数 = 0.119，t 值 = 2.16），CEO 组织认同和公司亏损交互项（$CEO\_OI_{i,t} \times LOSS_{i,t}$）与超前一期收益上下波动的比率（$DUVOL_{i,t+1}$）在 10% 统计水平上存在显著正相关关系（回归系数 = 0.074，t 值 = 1.71），由此表明，在控制公司固定效应后，相比于未亏损的公司，组织认同感越高的 CEO 仍然更可能加剧公司坏消息隐藏。

综上所述，在控制公司固定效应后，本部分的研究结论依旧成立，以此验证本部分的研究发现是稳健的。即组织认同感强的 CEO 在公司短期利益驱使下会隐藏公司层面的坏消息，以致该短视行为会诱发公司股价崩盘风险。而且，这种关系在亏损的公司更为显著。

表 6-9 考虑固定效应后回归结果

变量	D. V. NCSKEW$_{i,t+1}$		D. V. DUVOL$_{i,t+1}$	
	(1)	(2)	(3)	(4)
CEO_ OI$_{i,t}$	0.057***	0.044**	0.029**	0.021
	(3.07)	(2.24)	(2.22)	(1.58)
LOSS$_{i,t}$	—	0.093*	—	0.080**
		(1.91)		(2.20)
CEO_ OI$_{i,t}$×LOSS$_{i,t}$	—	0.119**	—	0.074*
		(2.16)		(1.71)
FIXED_ NCSKEW$_{i,t}$	0.081***	0.082***	—	—
	(2.60)	(2.62)		
FIXED_ DUVOL$_{i,t}$	—	—	0.049	0.049
			(1.50)	(1.49)
CONSTANT	1.234***	1.197***	0.756***	0.724***
	(3.47)	(3.37)	(2.99)	(2.86)
Controls	YES	YES	YES	YES
INDUSTRY FE & YEAR FE	YES	YES	YES	YES
Adjusted-R^2	0.062	0.064	0.082	0.084
N	3195	3195	3195	3195

注：*表示 p<0.1、**表示 p<0.05、***表示 p<0.01，（1）～（4）括号内的数据为 t 值。其中，稳括号中的 t 值经过异方差调整和稳健标准误是公司层面聚类调整后的值。

6.4.4.2 延长样本期间

本部分样本的研究期间为 2014～2016 年，而又由于被解释变量股价崩盘风险指标（NCSKEW$_{i,t+1}$、DUVOL$_{i,t+1}$）相对于解释变量和控制变量是超前一期的（被解释变量的时间区间为 2015～2017 年），所以，为了克服样本期间选择的影响，本部分将样本期间滞后一年，也就是说，本部分的样本期间变为 2013～2016 年，以此重新对模型（6-4）和模型（6-5）进行回归检验。

表 6-10 表示在延长样本期间后 CEO 组织认同（CEO_ OI$_{i,t}$）与公司股价崩盘风险（NCSKEW$_{i,t+1}$、DUVOL$_{i,t+1}$）关系的回归结果。其中，如（1）和（3）的回归结果所示，在延长样本期间后，CEO 组织认同（CEO_ OI$_{i,t}$）与超前一期负收益偏态系数（NCSKEW$_{i,t+1}$）在 1% 统计水平上存在显著正相关关系（回归系

数 = 0.048，t 值 = 2.92），CEO 组织认同（CEO_OI$_{i,t}$）与超前一期收益上下波动的比率（DUVOL$_{i,t+1}$）在 10% 统计水平上存在显著正相关关系（回归系数 = 0.022，t 值 = 1.88）。由此表明，在延长样本期间后，组织认同感强的 CEO 仍会加剧公司坏消息隐藏。如（2）和（4）的回归结果所示，在延长样本期间后，CEO 组织认同和公司亏损交互项（CEO_OI$_{i,t}$×LOSS$_{i,t}$）与超前一期负收益偏态系数（NCSKEW$_{i,t+1}$）在 5% 统计水平上存在显著正相关关系（回归系数 = 0.105，t 值 = 2.02），CEO 组织认同和公司亏损交互项（CEO_OI$_{i,t}$×LOSS$_{i,t}$）与超前一期收益上下波动的比率（DUVOL$_{i,t+1}$）在 10% 统计水平上存在显著正相关关系（回归系数 = 0.074，t 值 = 1.93），由此表明，在延长样本期间后，相比于未亏损的公司，组织认同感越高的 CEO 仍然更可能加剧公司坏消息隐藏。

表 6-10　2013~2016 年样本区间的回归结果

变量	D. V. NCSKEW$_{i,t+1}$		D. V. DUVOL$_{i,t+1}$	
	（1）	（2）	（3）	（4）
CEO_OI$_{i,t}$	0.048***	0.038**	0.022*	0.014
	(2.92)	(2.21)	(1.88)	(1.23)
LOSS$_{i,t}$	—	0.087*	—	0.060*
		(1.93)		(1.86)
CEO_OI$_{i,t}$×LOSS$_{i,t}$	—	0.105**	—	0.074*
		(2.02)		(1.93)
CONSTANT	0.696**	0.670**	0.410**	0.392*
	(2.34)	(2.25)	(1.98)	(1.89)
Controls	YES	YES	YES	YES
INDUSTRY FE & YEAR FE	YES	YES	YES	YES
Adjusted-R^2	0.065	0.066	0.080	0.081
N	4112	4112	4112	4112

注：*表示 p<0.1、**表示 p<0.05、***表示 p<0.01，（1）~（4）括号内的数据为 t 值。其中，稳括号中的 t 值经过异方差调整和稳健标准误是公司层面聚类调整后的值。

综上所述，在延长样本期间后，本部分的研究结论依旧成立，以此验证本部分的研究发现是稳健的。即组织认同感强的 CEO 在公司短期利益驱使下会隐藏公司层面的坏消息，以致该短视行为会诱发公司股价崩盘风险。而且，这种关系在亏损的公司更为显著。

6.4.4.3 剔除 ST、*ST 样本的影响

由于 ST、*ST 公司在股票交易中被特别处理（比如，涨跌幅有限制），由此，相比于未被特别处理的公司，被特别处理的公司不一定能表现出股价负偏态性，从而无法反映出公司坏消息隐藏的行为。所以，在剔除 ST、*ST 样本后对模型（6-4）和模型（6-5）重新进行了回归检验。

表 6-11 表示在剔除 ST、*ST 样本后 CEO 组织认同（$CEO\_OI_{i,t}$）与公司股价崩盘风险（$NCSKEW_{i,t+1}$、$DUVOL_{i,t+1}$）关系的回归结果。其中，如（1）和（3）的回归结果所示，在剔除 ST、*ST 样本后，CEO 组织认同（$CEO\_OI_{i,t}$）与超前一期负收益偏态系数（$NCSKEW_{i,t+1}$）在 1% 统计水平上存在显著正相关关系（回归系数=0.058，t 值=3.16），CEO 组织认同（$CEO\_OI_{i,t}$）与超前一期收益上下波动的比率（$DUVOL_{i,t+1}$）在 5% 统计水平上存在显著正相关关系（回归系数=0.028，t 值=2.17）。由此表明，在剔除 ST、*ST 样本后，组织认同感强的 CEO 仍会加剧公司坏消息隐藏。如（2）和（4）的回归结果所示，在剔除 ST、*ST 样本后，CEO 组织认同和公司亏损交互项（$CEO\_OI_{i,t} \times LOSS_{i,t}$）与超前一期负收益偏态系数（$NCSKEW_{i,t+1}$）在 5% 统计水平上存在显著正相关关系（回归系数=0.113，t 值=2.03），CEO 组织认同和公司亏损交互项（$CEO\_OI_{i,t} \times LOSS_{i,t}$）与超前一期收益上下波动的比率（$DUVOL_{i,t+1}$）在 10% 统计水平上存在显著正相关关系（回归系数=0.073，t 值=1.66），由此表明，在剔除 ST、*ST 样本后，相比于未亏损的公司，组织认同感越高的 CEO 更可能加剧公司坏消息隐藏。

表 6-11　剔除 ST、*ST 样本影响后的回归结果

变量	D. V. $NCSKEW_{i,t+1}$		D. V. $DUVOL_{i,t+1}$	
	(1)	(2)	(3)	(4)
$CEO\_OI_{i,t}$	0.058***	0.046**	0.028**	0.020
	(3.16)	(2.36)	(2.17)	(1.54)
$LOSS_{i,t}$	—	0.108**	—	0.084**
		(2.17)		(2.30)

续表

变量	D. V. NCSKEW$_{i,t+1}$		D. V. DUVOL$_{i,t+1}$	
	（1）	（2）	（3）	（4）
CEO_OI$_{i,t}$×LOSS$_{i,t}$	—	0.113**	—	0.073*
		(2.03)		(1.66)
CONSTANT	1.178***	1.135***	0.697***	0.664***
	(3.28)	(3.16)	(2.75)	(2.61)
Controls	YES	YES	YES	YES
INDUSTRY FE & YEAR FE	YES	YES	YES	YES
Adjusted-R^2	0.059	0.061	0.081	0.083
N	3166	3166	3166	3166

注: * 表示 p<0.1、** 表示 p<0.05、*** 表示 p<0.01, （1）~ （4）括号内的数据为 t 值。其中, 稳括号中的 t 值经过异方差调整和稳健标准误是公司层面聚类调整后的值。

综上所述, 在剔除 ST、* ST 样本后, 本部分的研究结论依旧成立, 以此验证本部分的研究发现是稳健的。即组织认同感强的 CEO 在公司短期利益驱使下会隐藏公司层面的坏消息, 以致该短视行为会诱发公司股价崩盘风险, 而且, 这种关系在亏损的公司更为显著。

6.5　进一步分析

6.5.1　融资需求情境

在公司亏损的状态, 当公司面临较高的融资需求时, 组织认同感强的 CEO 可能隐藏公司层面坏消息的动机更强烈。因此, 本部分参考 Demirgüç-Kunt 和 Maksimovic （1998） 融资需求的计算方法, 即 （ASSET$_t$ - ASSET$_{t-1}$）/ASSET$_t$ - 1-ROE$_t$/ （1-ROE$_t$）。其中, ASSET 为公司资产规模, ROE 为公司净资产收益率。如果其值大于行业年度均值, 则为公司具有高融资需求; 否则, 如果其值小于或等于行业年度均值，则为公司具有低融资需求。基于此，本部分按照高/低融资需求分组对模型（5）重新进行了回归检验。具体如表 6-12 融资需求视角回归结果所示。

表 6-12 融资需求视角

变量	D. V. NCSKEW$_{i,t+1}$		D. V. DUVOL$_{i,t+1}$	
	（1）	（2）	（3）	（4）
	高融资需求	低融资需求	高融资需求	低融资需求
CEO_ OI$_{i,t}$	0.034	0.051**	0.029	0.016
	(1.01)	(2.11)	(1.21)	(1.00)
LOSS$_{i,t}$	0.073	0.097	0.104*	0.059
	(0.84)	(1.45)	(1.71)	(1.23)
CEO_ OI$_{i,t}$×LOSS$_{i,t}$	0.140**	0.113	0.095*	0.048
	(2.04)	(1.18)	(1.76)	(0.68)
CONSTANT	1.721***	0.984**	0.969**	0.575*
	(2.62)	(2.22)	(2.10)	(1.84)
Controls	YES	YES	YES	YES
INDUSTRY FE & YEAR FE	YES	YES	YES	YES
Adjusted-R^2	0.067	0.057	0.117	0.071
N	1057	2138	1057	2138

注：*表示 p<0.1、**表示 p<0.05、***表示 p<0.01，（1）~（4）括号内的数据为 t 值。其中，稳括号中的 t 值经过异方差调整和稳健标准误是公司层面聚类调整后的值。

其中，如（1）和（3）所示，在高融资需求样本组中，CEO 组织认同和公司亏损交互项（CEO_OI$_{i,t}$×LOSS$_{i,t}$）与超前一期负收益偏态系数（NCSKEW$_{i,t+1}$）在 5% 统计水平上存在显著正相关关系（回归系数＝0.140，t 值＝2.04），CEO 组织认同和公司亏损交互项（CEO_OI$_{i,t}$×LOSS$_{i,t}$）与超前一期收益上下波动的比率（DUVOL$_{i,t+1}$）在 10% 统计水平上存在显著正相关关系（回归系数＝0.095，t 值＝1.76）；如（2）和（4）所示，在低融资需求样本组中，CEO 组织认同和公司亏损交互项（CEO_OI$_{i,t}$×LOSS$_{i,t}$）与超前一期负收益偏态系数（NCSKEW$_{i,t+1}$）存在统计上不显著的正相关关系（回归系数 = 0. 113，t 值 = 1. 18），CEO 组织认同和公司亏损交互项（$CEO\_OI_{i,t} \times LOSS_{i,t}$）与超前一期收益上下波动的比率（$DUVOL_{i,t+1}$）在统计上存在不显著的正相关关系（回归系数 = 0. 048，t 值 = 0. 68）。由此表明，相比于未亏损的公司，组织认同感越高的 CEO 对高融资需求的亏损公司坏消息的隐藏程度越大。

6.5.2　产品市场竞争情境

在公司亏损的状态，当公司面临激烈的产品市场竞争时，组织认同感强的 CEO 可能隐藏公司层面坏消息的动机更强烈。因此，本部分采用赫芬达尔—赫希曼指数（HHI）能反映产品市场竞争程度。借鉴 DeFond 和 Park（1999）、Giroud 和 Mueller（2011）、邢立全和陈汉文（2013）等的计算方法，其值等于行业内各公司营业收入占行业总营业收入的平方和的比重。其中，行业内公司市场占有率是基于行业中排名前十大营业收入的公司基础计算得出的，而且每个行业中的公司数不能小于 10 家。以此计算出的赫芬达尔—赫希曼指数（HHI）值越小，表明产品市场竞争越激烈。对此，如果赫芬达尔—赫希曼指数（HHI）值小于等于其均值，为产品市场竞争激烈组；否则，如果赫芬达尔—赫希曼指数（HHI）值大于其均值，为产品市场竞争不足组。基于此，本部分按照产品市场竞争激烈/不足分组对模型（6-5）重新进行了回归检验。具体如表 6-13 产品市场竞争视角回归结果所示。

表 6-13　产品市场竞争视角

变量	D. V. $NCSKEW_{i,t+1}$		D. V. $DUVOL_{i,t+1}$	
	（1）	（2）	（3）	（4）
	竞争激烈	竞争不足	竞争激烈	竞争不足
$CEO\_OI_{i,t}$	0. 031	0. 080**	0. 006	0. 056**
	（1. 34）	（2. 19）	（0. 40）	（2. 17）
$LOSS_{i,t}$	0. 072	0. 202*	0. 063	0. 148*
	（1. 25）	（1. 94）	（1. 53）	（1. 93）

续表

变量	D. V. NCSKEW$_{i,t+1}$		D. V. DUVOL$_{i,t+1}$	
	（1）	（2）	（3）	（4）
	竞争激烈	竞争不足	竞争激烈	竞争不足
CEO_OI$_{i,t}$×LOSS$_{i,t}$	0.175**	−0.063	0.105**	−0.050
	（2.48）	（−0.59）	（1.97）	（−0.62）
CONSTANT	1.539***	0.091	0.779**	0.279
	（3.46）	（0.14）	（2.47）	（0.56）
Controls	YES	YES	YES	YES
INDUSTRY FE & YEAR FE	YES	YES	YES	YES
Adjusted−R^2	0.058	0.057	0.078	0.097
N	2366	829	2366	829

注：*表示 $p<0.1$、**表示 $p<0.05$、***表示 $p<0.01$，（1）～（4）括号内的数据为 t 值。其中，稳括号中的 t 值经过异方差调整和稳健标准误是公司层面聚类调整后的值。

其中，如（1）和（3）所示，在产品市场竞争激烈样本组中，CEO 组织认同和公司亏损交互项（CEO_OI$_{i,t}$×LOSS$_{i,t}$）与超前一期负收益偏态系数（NCSKEW$_{i,t+1}$）在 5% 统计水平上存在显著正相关关系（回归系数 = 0.175，t 值 = 2.48），CEO 组织认同和公司亏损交互项（CEO_OI$_{i,t}$×LOSS$_{i,t}$）与超前一期收益上下波动的比率（DUVOL$_{i,t+1}$）在 5% 统计水平上存在显著正相关关系（回归系数 = 0.105，t 值 = 1.97）；如（2）和（4）所示，在产品市场竞争不足样本组中，CEO 组织认同和公司亏损交互项（CEO_OI$_{i,t}$×LOSS$_{i,t}$）与超前一期负收益偏态系数（NCSKEW$_{i,t+1}$）存在统计上不显著的负相关关系（回归系数 = −0.063，t 值 = −0.59），CEO 组织认同和公司亏损交互项（CEO_OI$_{i,t}$×LOSS$_{i,t}$）与超前一期收益上下波动的比率（DUVOL$_{i,t+1}$）在统计上存在不显著的负相关关系（回归系数 = −0.050，t 值 = −0.62）。由此表明，相比于未亏损的公司，组织认同感越高的 CEO 对所处产品市场竞争激烈的亏损公司坏消息的隐藏程度越大。

6.6　研究结论

在传统的委托代理模型中嵌入 CEO 组织认同因素后，CEO 组织认同能够促使 CEO 与公司利益的一致性，从而促使 CEO 按照公司利益行事，以此做出利于公司价值最大化的决策行为。但是，薄弱的法律制度环境弱化了具有较强组织认同感 CEO 对公司信息披露决策的责任感。也就是，在薄弱的法律制度环境下，较强组织认同感的 CEO 具有按照公司利益行事的强烈意愿，为了获取短期内同行业间竞争优势来实现短期利益的增加，他可能会隐藏公司层面坏消息的披露。由于公司层面的坏消息囤积到一定阈值则可能会诱发公司股价崩盘风险（Hutton 等，2009；Kim 等，2011a；Piotroski 等，2015；张俊生等，2017）。所以，在薄弱的法律制度环境下，CEO 组织认同可能会助长 CEO 对公司层面坏消息的隐藏，从而诱发公司股价崩盘风险。

基于委托代理理论和组织认同理论的视角，以证监会中国上市公司内部控制问卷调查数据中"CEO 组织认同数据"为研究基础，本章选取了 2014~2016 年我国沪深 A 股上市公司的数据实证检验了 CEO 组织认同与公司坏消息隐藏的关系。本章研究发现：①组织认同感强的 CEO 更可能隐藏公司层面的坏消息。②相比于未亏损的公司，在亏损公司中，组织认同感强的 CEO 更可能隐藏公司层面的坏消息。所以，本章支持了 CEO 组织认同会助长公司坏消息隐藏的观点。本章进一步考虑了融资需求情境、产品市场情境中，公司亏损状态对 CEO 组织认同与公司坏消息隐藏关系的影响。本章进一步研究发现，①相比于未亏损的公司，组织认同感越高的 CEO 对高融资需求的亏损公司坏消息的隐藏程度越大。②相比于未亏损的公司，组织认同感越高的 CEO 对所处产品市场竞争激烈的亏损公司坏消息的隐藏程度越大。

综上所述，本章的研究发现，在薄弱的法律制度环境下，组织认同感强的

CEO 受企业短期利益的驱使，会利用公司坏消息隐藏的手段产生公司财务决策上的短视行为。由此，虽然 CEO 对公司坏消息的隐藏有利于企业的短期利益实现，但其所隐藏的公司层面坏消息会诱发公司的股价崩盘风险，进而损害投资者的投资信心，在很大程度上给资本市场造成动荡。所以，监管者对 CEO 行为有必要实施一定的约束。比如，监管者应该加强 CEO 职业道德、技能素养等方面的培训，适度对他们进行必要的警示教育，以此消除他们公司财务决策上"短视行为"对资本市场产生的负面影响。另外，监管者应当积极提高证券执法力度，提高上市公司违法成本，以此改善薄弱的法律制度环境，从而从源头上减小 CEO 组织认同对公司坏消息隐藏的影响。

第7章 主要结论与政策建议

7.1 主要结论

现代公司所有权与控制权的分离，造成了管理者与股东之间信息不对称，产生了管理者与股东之间的委托代理成本，导致了管理者与公司之间利益的不一致。在传统的委托代理理论下，薪酬契约能够降低经理人与股东之间的委托代理成本，促使经理人按照公司利益行事。但是，由于经理人薪酬与公司业绩挂钩，经理人可能会通过盈余操纵行为调整公司业绩满足薪酬契约中公司业绩要求来实现个人利益的最大化，以此阻碍了经理人利于公司价值最大化决策的制定与执行。现实中，CEO 为公司主要决策者，显著影响着公司的决策行为的效率和效果。所以，薪酬契约对激励 CEO 按照公司利益行事并不完全有效。

当 CEO 组织认同嵌入委托代理模型中，CEO 组织认同能够激励 CEO 按照公司利益行事，从而促使 CEO 做出利于公司价值最大化的决策行为。由此，跟随这个脉络，基于代理理论与组织认同理论视角，本书分别探究了以下三方面的内容：第一，探究 CEO 组织认同对高管薪酬业绩敏感性的影响；第二，探究基于创新投入视角 CEO 组织认同对公司长期利益决策行为的影响；第三，探究在较弱的法律制度环境下基于坏消息隐藏视角 CEO 组织认同对公司短期利益决策行为的影响。

第一，本书探究了 CEO 组织认同对高管薪酬业绩敏感性的影响。研究发现，CEO 组织认同会显著加强高管薪酬业绩的敏感性。此外，本书进一步按照财务报告质量和分析师跟踪分组检验，研究发现，相比于财务报告质量较好的公司，组织认同感越强的 CEO 更能显著增强财务报告质量较差的公司薪酬业绩敏感性；相比于分析师跟踪较多的公司，组织认同感越强的 CEO 更能显著增强分析师跟踪较少的公司薪酬业绩敏感性。本书的研究结果表明，CEO 组织认同能够显著增强高管薪酬业绩的敏感性，促使 CEO 按照公司利益行事，以此做出符合公司价值最大化的决策行为。

第二，本书探究了基于创新投入视角 CEO 组织认同对公司长期利益决策行为的影响。研究发现，CEO 组织认同显著促进了企业创新投入的增加。本书进一步探究了基于分析师跟踪情境、机构投资者持股视角 CEO 组织认同与公司创新投入的关系。分析师跟踪人数会显著加剧 CEO 组织认同与企业创新投入正相关关系；机构投资者持股比例会显著加剧 CEO 组织认同与企业创新投入正相关关系。以上研究表明，在企业正常经营中，组织认同感强的 CEO 会更注重企业创新投入，这不仅能够获得行业内竞争优势，而且能够在很大程度上促进企业长期利益的实现。所以，这就产生了 CEO 在公司财务决策上的"远视行为"。另外，本书进一步考虑了企业创新投入的持续性，企业创新投入行业差异的情境。组织认同感越强的 CEO 会持续促进企业创新投入的增加以及相比于较高创新投入的行业公司，组织认同感强的 CEO 会削减较低创新投入行业公司的创新投入。进一步表明，组织认同感强的 CEO 充分将自己与企业利益绑定在一起，注重企业创新投入的持续性以及根据实际情况做出合理的企业创新决策。

第三，本书探究了在薄弱的法律制度环境下基于坏消息隐藏视角 CEO 组织认同对公司短期利益决策行为的影响。当公司坏消息被隐藏到一定阈值时，投资者会感知到被 CEO 隐藏的坏消息（Kothari 等，2009）。此时，由于公司坏消息的积聚效应，它会产生股价的负偏态性，从而诱发股价崩盘风险（Hutton 等，2009；Kim 等，2011a；Piotroski 等，2015；张俊生等，2017）。所以，本书探究

CEO 组织认同与公司坏消息隐藏的关系实质上等同于探究 CEO 组织认同与公司股价崩盘风险的关系。研究发现，CEO 组织认同显著加剧了公司坏消息隐藏。由此表明，在企业短期利益的驱使下，组织认同感强的 CEO 更易隐藏公司层面的坏消息。本书进一步探究了基于公司亏损情境 CEO 组织认同与公司坏消息隐藏的关系。研究发现，公司亏损会显著加剧 CEO 组织认同与公司坏消息隐藏正相关关系。另外，本书进一步探究了在公司亏损状态下基于公司融资需求和产品市场竞争视角 CEO 组织认同与公司坏消息隐藏的关系。相比于未亏损的公司，组织认同感越高的 CEO 对高融资需求、产品市场竞争激烈的亏损公司坏消息的隐藏程度越大。以上研究发现表明，受制于薄弱的法律制度环境影响，组织认同感强的 CEO 受企业短期利益的驱使，会利用公司坏消息隐藏的手段产生公司财务决策上的短视行为。所以，虽然 CEO 对公司坏消息的隐藏有利于企业的短期利益实现，但其所隐藏的公司层面坏消息会诱发公司的股价崩盘风险，进而会削弱投资者的投资信心，在很大程度上给资本市场造成动荡。

7.2 政策建议

针对前文的研究发现，本书提出如下政策建议：

第一，在公司层面。建议公司加强自身组织文化建设，积极为管理者团队营造良好的组织文化氛围，以此增强 CEO 的组织认同感。

本书的研究表明，CEO 组织认同能够保持 CEO 与公司利益一致，激励 CEO 按照公司利益行事，从而促使 CEO 做出利于公司价值最大化的决策行为。由此可见，CEO 组织认同在公司财务决策中起到了举足轻重的作用。所以，积极增强 CEO 组织认同将有助于改善公司财务决策行为的效果，提高公司财务决策行为的效率。一般来说，当企业遭受外界批评时，组织认同感强的 CEO 会感到尴尬；当企业受到外界褒扬时，组织认同感强的 CEO 会感到欣喜。组织认同感强的

CEO 会将公司的成功看成是自己的成功，而将公司的失败看成是自己的失败。为了增强 CEO 的组织认同感，公司有必要从组织文化的角度加强组织文化的建设。具体地，第一，公司应根据 CEO 的自身情况制定因地制宜的个人发展规划，比如，建立专门的人才基金督促 CEO 积极参与个人素质能力拓展项目，以此提高 CEO 的个人职业素养。第二，公司应积极为 CEO 营造良好的企业文化氛围，尤其形成公司"家文化"的企业文化氛围，以此增强 CEO 组织认同感。

第二，在监管层面。建议监管层加强 CEO 职业道德、技能素养等方面的培训，规范 CEO 组织认同对公司财务决策影响的合规性。

本书的研究结果表明，在薄弱的法律制度环境下，受公司短期利益的影响，组织认同感强的 CEO 会存在隐藏公司层面坏消息的行为。另外，这种关系尤其体现在陷入诸如公司亏损不利困境中的公司。总体来看，组织认同感强的 CEO 隐藏坏消息是为了公司短期利益，但是这在很大程度上会增加公司股价崩盘风险而不利于公司长期利益的创造。此时，CEO 组织认同将会产生 CEO 的短视行为。监管层有必要加强 CEO 职业道德、技能素养方面进行培训，以此规范组织认同感强的 CEO 做出合法合规的公司财务决策行为。具体地，监管层可以定期或不定期对 CEO 职业道德、技能素养方面进行培训，向 CEO 明确公司财务决策合法合规的重要性，尤其督促组织认同感强的 CEO 更加注重企业长期利益创造。此外，在监管层面，建议监管层积极加大证券执法力度，提高上市公司违法成本，以此改善薄弱的法律制度环境，从而促使 CEO 组织认同做出更利于企业长期价值创造的决策行为。

7.3 研究局限性与未来研究展望

7.3.1 研究局限性

本书的研究局限性主要体现在以下两个方面：

第一，本书的研究数据主要来源于证监会中国上市公司内部控制问卷调查数据库，所以，本文的CEO组织认同数据观测到的仅仅是问卷调查当年的数据，以致CEO组织认同数据缺乏时间序列上的差异。这就造成了CEO固定特征显著影响本书研究结论的稳健性。虽然本书采用固定效应模型、控制CEO人口统计学特征来克服CEO固定效应对本书研究结论的影响，但是这一影响对本书研究结论的干扰很难完全消除。

第二，课题组在证监会上市部的组织下经过长达一年准备，通过多次反复修改和论证设计出了一整套内部控制调查问卷，并通过证监会会计部、上海证券交易所、深圳证券交易所，分别向A股上市公司发放调查问卷。在所有问卷回收后，证监会内控调研工作组专门召开了调查问卷研讨会，分析了问卷回收情况，落实了调查问卷工作，最终形成了证监会中国上市公司内部控制问卷调查数据库。由此可见，CEO组织数据可靠性是得到保证的。但是，在CEO填写组织认同问卷项目时，CEO可能会受工作压力、外在环境等因素的影响削弱对问卷如实回答的有效性，造成CEO组织认同项目回答存在偏差，以致可能会对本书的研究结论产生影响。

7.3.2 未来研究展望

本文认为，未来研究可以围绕以下两个方面来进一步丰富CEO组织认同与公司财务决策行为关系研究。

第一，从合规性角度关注CEO组织认同与公司财务决策行为的关系。能够保持CEO与公司利益一致，激励CEO按照公司利益行事，从而促使CEO做出有利于公司价值最大化的决策行为。但是，基于代理理论和组织认同理论视角，组织认同感强的CEO可能会注重企业短期利益的实现而损害公司长期利益的创造。此时，组织认同感强的CEO可能会降低公司会计稳健性、增加公司财务重述或者违规的可能。另外，CEO组织认同也可能为了公司利益而牺牲个人利益，也就是说，CEO组织认同为了规避公司违规而致使个人违规。因此，今后的研究有必要从合规性的角度探究CEO组织认同与公司财务决策行为的关系。

第二，关注 CEO 组织认同与中国传统文化对公司财务决策行为互动影响。中国情境下的 CEO 组织认同深受中国传统文化的影响。由此，探究 CEO 组织认同与中国传统文化对公司财务决策行为的互动影响有助于厘清中国集体主义情境下 CEO 组织认同决策行为逻辑，改善公司财务决策行为的效率和效果。

参考文献

［1］Abernethy M A, Bouwens J, Kroos P. Organization Identity and Earnings Manipulation ［J］. Accounting, Organizations and Society, 2017（58）: 1-14.

［2］Aghion P, Van Reenen J, Zingales L. Innovation and Institutional Ownership ［J］. American Economic Review, 2013, 103（1）: 277-304.

［3］Ai H, Li R. Investment and CEO Compensation under Limited Commitment ［J］. Journal of Financial Economics, 2015, 116（3）: 452-472.

［4］Akerlof G A, Kranton R E. Economics and Identity ［J］. The Quarterly Journal of Economics, 2000, 115（3）: 715-753.

［5］Akerlof G A, Kranton R E. Identity and the Economics of Organizations ［J］. Journal of Economic Perspectives, 2005, 19（1）: 9-32.

［6］Akerlof G A, Kranton R E. Identity Economics ［M］. Princeton: Princeton University Press, 2010.

［7］Akerlof G A, Kranton R E. Identity, Supervision, and Work Groups ［J］. American Economic Review, 2008, 98（2）: 212-17.

［8］Allen F, Qian J, Qian M. Law, Finance, and Economic Growth in China ［J］. Journal of Financial Economics, 2005, 77（1）: 57-116.

［9］Altman E I. Financial Ratios, Discriminant Analysis and the Prediction of Corporate Bankruptcy ［J］. The Journal of Finance, 1968, 23（4）: 589-609.

[10] An H, Zhang T. Stock Price Synchronicity, Crash Risk, and Institutional Investors [J]. Journal of Corporate Finance, 2013 (21): 1–15.

[11] Andreou P C, Antoniou C, Horton J, et al. Corporate Governance and Firm-Specific Stock Price Crashes [J]. European Financial Management, 2016, 22 (5): 916–956.

[12] Armstrong C S, Guay W R, Weber J P. The Role of Information and Financial Reporting in Corporate Governance and Debt Contracting [J]. Journal of Accounting and Economics, 2010, 50 (2–3): 179–234.

[13] Ashforth B E, Harrison S H, Corley K G. Identification in Organizations: An Examination of Four Fundamental Questions [J]. Journal of management, 2008, 34 (3): 325–374.

[14] Ashforth B E, Mael F. Social Identity Theory and the Organization [J]. Academy of Management Review, 1989, 14 (1): 20–39.

[15] Baginski S P, Campbell J L, Hinson L A, et al. Do Career Concerns Affect the Delay of Bad News Disclosure? [J]. The Accounting Review, 2017, 93 (2): 61–95.

[16] Balsam S, Boone J, Liu H, et al. The Impact of Say-on-pay on Executive Compensation [J]. Journal of Accounting and Public Policy, 2016, 35 (2): 162–191.

[17] Balsmeier B, Fleming L, Manso G. Independent Boards and Innovation [J]. Journal of Financial Economics, 2017, 123 (3): 536–557.

[18] Baranchuk N, Kieschnick R, Moussawi R. Motivating Innovation in Newly Public Firms [J]. Journal of Financial Economics, 2014, 111 (3): 578–588.

[19] Barker III V L, Mueller G C. CEO Characteristics and Firm R&D Spending [J]. Management Science, 2002, 48 (6): 782–801.

[20] Barth M E, Kasznik R, McNichols M F. Analyst Coverage and Intangible assets [J]. Journal of Accounting Research, 2001, 39 (1): 1–34.

［21］ Bebchuk L A , Fried J M , Walker D I . Managerial Power and Rent Extraction in the Design of Executive Compensation ［J］ . The University of Chicago Law Review, 2002, 69 (3): 751-846.

［22］ Bebchuk L A, Fried J M. Executive Compensation as An Agency Problem ［J］ . Journal of Economic Perspectives, 2003, 17 (3): 71-92.

［23］ Berger P G, Ofek E, Yermack D L. Managerial Entrenchment and Capital Structure Decisions ［J］ . The Journal of Finance, 1997, 52 (4): 1411-1438.

［24］ Bernard D. Is the Risk of Product Market Predation A Cost of Disclosure? ［J］ . Journal of Accounting and Economics, 2016, 62 (2-3): 305-325.

［25］ Boivie S, Lange D, McDonald M L, et al. Me or We: The Effects of CEO Organizational Identification on Agency Costs ［J］ . Academy of Management Journal, 2011, 54 (3): 551-576.

［26］ Brennan M J, Jegadeesh N, Swaminathan B. Investment Analysis and the Adjustment of Stock Prices to Common Information ［J］ . The Review of Financial Studies, 1993, 6 (4): 799-824.

［27］ Callen J L, Fang X. Religion and Stock Price Crash Risk ［J］ . Journal of Financial and Quantitative Analysis, 2015, 50 (1-2): 169-195.

［28］ Cao C, Xia C, Chan K C. Social Trust and Stock Price Crash Risk: Evidence from China ［J］ . International Review of Economics & Finance, 2016 (46): 148-165.

［29］ Chang X, Fu K, Low A, et al. Non-executive Employee Stock Options and Corporate Innovation ［J］ . Journal of Financial Economics, 2015, 115 (1): 168-188.

［30］ Chen C, Kim J B, Yao L. Earnings Smoothing: Does It Exacerbate or Constrain Stock Price Crash Risk? ［J］ . Journal of Corporate Finance, 2017 (42): 36-54.

［31］ Chen C, Lee E, Lobo G J, et al. Who Benefits From IFRS Convergence in

China? [J]. Journal of Accounting, Auditing & Finance, 2019, 34 (1): 99-124.

[32] Chen D, Shen Y, Xin F, et al. Overemployment, Executive Pay-for-performance Sensitivity and Economic Consequences: Evidence from China [J]. China Journal of Accounting Research, 2012, 5 (1): 1-26.

[33] Chen G, Firth M, Gao D N, et al. Ownership Structure, Corporate Governance, and Fraud: Evidence from China [J]. Journal of Corporate Finance, 2006, 12 (3): 424-448.

[34] Chen H, Jeter D, Yang Y W. Pay-performance Sensitivity before and after SOX [J]. Journal of Accounting and Public Policy, 2015, 34 (1): 52-73.

[35] Chen J, Chan K C, Dong W, et al. Internal Control and Stock Price Crash Risk: Evidence from China [J]. European Accounting Review, 2017, 26 (1): 125-152.

[36] Chen J, Hong H, Stein J C. Forecasting Crashes: Trading Volume, Past Returns, and Conditional Skewness in Stock Prices [J]. Journal of financial Economics, 2001, 61 (3): 345-381.

[37] Chen S, Lin B, Lu R, et al. Controlling Shareholders' Incentives and Executive Pay-for-performance Sensitivity: Evidence from the Split Share Structure Reform in China [J]. Journal of International Financial Markets, Institutions and Money, 2015 (34): 147-160.

[38] Chen T, Harford J, Lin C. Do Analysts Matter for Governance? Evidence from Natural Experiments [J]. Journal of Financial Economics, 2015, 115 (2): 383-410.

[39] Chen T. Institutions, Board Structure, and Corporate Performance: Evidence from Chinese Firms [J]. Journal of Corporate Finance, 2015 (32): 217-237.

[40] Chen X, Harford J, Li K. Monitoring: Which Institutions Matter? [J]. Journal of Financial Economics, 2007, 86 (2): 279-305.

［41］ Chen X, Lee C W J, Li J. Government Assisted Earnings Management in China ［J］. Journal of Accounting and Public Policy, 2008, 27 （3）: 262-274.

［42］ Cheng M, Lin B, Wei M. Executive Compensation in Family Firms: The Effect of Multiple Family Members ［J］. Journal of Corporate Finance, 2015 （32）: 238-257.

［43］ Cheng Q, Du F, Wang X, et al. Seeing Is Believing: Analysts' Corporate Site Visits ［J］. Review of Accounting Studies, 2016, 21 （4）: 1245-1286.

［44］ Cichello M S. The Impact of Firm Size on Pay-performance Sensitivities ［J］. Journal of Corporate Finance, 2005, 11 （4）: 609-627.

［45］ Conyon M J, He L. Executive Compensation and Corporate Governance in China ［J］. Journal of Corporate Finance, 2011, 17 （4）: 1158-1175.

［46］ Core J E, Holthausen R W, Larcker D F. Corporate Governance, Chief Executive Officer Compensation, and Firm Performance ［J］. Journal of Financial Economics, 1999, 51 （3）: 371-406.

［47］ Core J E, Holthausen R W, Larcker D F. Corporate Governance, Chief Executive Officer Compensation, and Firm Performance ［J］. Journal of Financial Economics, 1999, 51 （3）: 371-406.

［48］ Davis J H, Schoorman F D, Donaldson L. Toward A Stewardship Theory of Management ［J］. Academy of Management Review, 1997, 22 （1）: 20-47.

［49］ De Franco G, Kothari S P, Verdi R S. The Benefits of Financial Statement Comparability ［J］. Journal of Accounting Research, 2011, 49 （4）: 895-931.

［50］ Dechow P M, Skinner D J. Earnings Management: Reconciling the Views of Accounting Academics, Practitioners, and Regulators ［J］. Accounting Horizons, 2000, 14 （2）: 235-250.

［51］ Dechow P M, Sloan R G, Sweeney A P. Detecting Earnings Management ［J］. Accounting Review, 1995 （2）: 193-225.

［52］ Dedman E, Lennox C. Perceived Competition, Profitability and the Withholding of Information about Sales and the Cost of Sales [J]. Journal of Accounting and Economics, 2009, 48 (2-3): 210-230.

[53] DeFond M L, Hung M, Li S, et al. Does Mandatory IFRS Adoption Affect Crash Risk? [J]. The Accounting Review, 2014, 90 (1): 265-299.

[54] DeFond M L, Park C W. The Effect of Competition on CEO Turnover [J]. Journal of Accounting and Economics, 1999, 27 (1): 35-56.

[55] Demirgüç-Kunt A, Maksimovic V. Law, Finance, and firm Growth [J]. The Journal of Finance, 1998, 53 (6): 2107-2137.

[56] Dimson E. Risk Measurement When Shares Are Subject to Infrequent Trading [J]. Journal of Financial Economics, 1979, 7 (2): 197-226.

[57] Dukerich J M, Golden B R, Shortell S M. Beauty Is in the Eye of the Beholder: The Impact of Organizational Identification, Identity, and Image on the Cooperative Behaviors of Physicians [J]. Administrative Science Quarterly, 2002, 47 (3): 507-533.

[58] Efraty D, Wolfe D M. The Effect of Organizational Identification on Employee Affective and Performance Responses [J]. Journal of Business and Psychology, 1988, 3 (1): 105-112.

[59] Ferreira D, Manso G, Silva A C. Incentives to Innovate and the Decision to Go Public or Private [J]. The Review of Financial Studies, 2012, 27 (1): 256-300.

[60] Firth M, Fung P M Y, Rui O M. Corporate Performance and CEO Compensation in China [J]. Journal of Corporate Finance, 2006, 12 (4): 693-714.

[61] Firth M, Fung P M Y, Rui O M. How Ownership and Corporate Governance Influence Chief Executive Pay in China's Listed Firms [J]. Journal of Business Research, 2007, 60 (7): 776-785.

[62] Francis B, Hasan I, Li L. Abnormal Real Operations, Real Earnings Management, and Subsequent Crashes in Stock Prices [J]. Review of Quantitative Fi-

nance and Accounting, 2016, 46（2）: 217-260.

［63］Gao H, Li K. A Comparison of CEO Pay-performance Sensitivity in Privately-held and Public Firms ［J］. Journal of Corporate Finance, 2015（35）: 370-388.

［64］Gigler F, Kanodia C, Sapra H, et al. How Frequent Financial Reporting Can Cause Managerial Short-termism: An Analysis of the Costs and Benefits of Increasing Reporting frequency ［J］. Journal of Accounting Research, 2014, 52（2）: 357-387.

［65］Giroud X, Mueller H M. Corporate Governance, Product Market Competition, and Equity Prices ［J］. The Journal of Finance, 2011, 66（2）: 563-600.

［66］Graham J R, Harvey C R, Puri M. Managerial Attitudes and Corporate Actions ［J］. Journal of Financial Economics, 2013, 109（1）: 103-121.

［67］Graham J R, Harvey C R, Rajgopal S. The Economic Implications of Corporate Financial Reporting ［J］. Journal of Accounting and Economics, 2005, 40（1-3）: 3-73.

［68］Hambrick D C, Mason P A. Upper chelons: The Organization as A Reflection of Its Top Managers ［J］. Academy of Management Review, 1984, 9（2）: 193-206.

［69］Hambrick D C. Upper Echelons Theory: An Update ［J］. Academy of Management Review, 2007, 32（2）: 334-343.

［70］Han B, Kong D, Liu S. Do Analysts Gain an Informational Advantage by Visiting Listed Companies? ［J］. Contemporary Accounting Research, 2018, 35（4）: 1843-1867.

［71］Harris M S. The Association between Competition and Managers' Business Segment Reporting Decisions ［J］. Journal of Accounting Research, 1998, 36（1）: 111-128.

［72］He H, Brown A D. Organizational Identity and Organizational Identification: A Review of the Literature and Suggestions for Future Research [J]. Group & Organization Management, 2013, 38 (1): 3-35.

[73] He J J, Tian X. The Dark Side of Analyst Coverage: The Case of Innovation [J]. Journal of Financial Economics, 2013, 109 (3): 856-878.

[74] Healy P M, Palepu K G. Information Asymmetry, Corporate Disclosure, and the Capital Markets: A Review of the Empirical Disclosure Literature [J]. Journal of Accounting and Economics, 2001, 31 (1-3): 405-440.

[75] Healy P M. The Effect of Bonus Schemes on Accounting Decisions [J]. Journal of Accounting and Economics, 1985, 7 (1-3): 85-107.

[76] Heinle M S, Hofmann C, Kunz A H. Identity, Incentives, and the Value of Information [J]. The Accounting Review, 2012, 87 (4): 1309-1334.

[77] Hekman D R, Bigley G A, Steensma H K, et al. Combined Effects of Organizational and Professional Identification on the Reciprocity Dynamic for Professional Employees [J]. Academy of Management Journal, 2009, 52 (3): 506-526.

[78] Hirshleifer D, Low A, Teoh S H. Are Overconfident CEOs Better Innovators? [J]. The Journal of Finance, 2012, 67 (4): 1457-1498.

[79] Ho P H, Huang C W, Lin C Y, et al. CEO Overconfidence and Financial Crisis: Evidence from Bank Lending and Leverage [J]. Journal of Financial Economics, 2016, 120 (1): 194-209.

[80] Holmstrom B. Agency Costs and Innovation [J]. Journal of Economic Behavior & Organization, 1989, 12 (3): 305-327.

[81] Hong H, Lim T, Stein J C. Bad News Travels Slowly: Size, Analyst Coverage, and the Profitability of Momentum Strategies [J]. The Journal of Finance, 2000, 55 (1): 265-295.

[82] Hsu P H, Tian X, Xu Y. Financial Development and Innovation: Cross-country Evidence [J]. Journal of Financial Economics, 2014, 112 (1): 116-135.

[83] Hutton A P, Marcus A J, Tehranian H. Opaque Financial Reports, R^2,

and Crash Risk [J]. Journal of Financial Economics, 2009, 94 (1): 67-86.

[84] Jensen M C, Meckling W H. Theory of the Firm: Managerial Behavior, Agency Costs and Ownership Structure [J]. Journal of Financial Economics, 1976, 3 (4): 305-360.

[85] Jensen M C, Murphy K J. Performance Pay and Top-management Incentives [J]. Journal of Political Economy, 1990, 98 (2): 225-264.

[86] Jensen M C, Murphy K J. The Earnings Management Game: It's Time to Stop It [R]. Working Paper, 2012.

[87] Jiang F, Kim K A. Corporate Governance in China: A Modern Perspective [J]. Journal of Corporate Finance, 2015 (32): 190-216.

[88] Jiang X, Yuan Q. Institutional Investors' Corporate Site Visits and Corporate Innovation [J]. Journal of Corporate Finance, 2018 (48): 148-168.

[89] Jin L, Myers S C. R^2 Around the World: New Theory and New Tests [J]. Journal of financial Economics, 2006, 79 (2): 257-292.

[90] Jongjaroenkamol P, Laux V. Insider Versus Outsider CEOs, Executive Compensation, and Accounting Manipulation [J]. Journal of Accounting and Economics, 2017, 63 (2-3): 253-261.

[91] Jung H W H, Subramanian A. CEO talent, CEO Compensation, and Product Market Competition [J]. Journal of Financial Economics, 2017, 125 (1): 48-71.

[92] Kao J L, Wu D, Yang Z. Regulations, Earnings Management, and Post-IPO Performance: The Chinese Evidence [J]. Journal of Banking & Finance, 2009, 33 (1): 63-76.

[93] Kaplan S N, Minton B. How Has CEO Turnover Changed? Increasingly Performance Sensitive Boards and Increasingly Uneasy CEOs [R]. National Bureau of Economic Research, 2006.

[94] Ke B, Li Y, Yuan H. The Substantial Convergence of Chinese Accounting

Standards with IFRS and the Managerial Pay-for-accounting Performance Sensitivity of Publicly Listed Chinese Firms [J]. Journal of Accounting and Public Policy, 2016, 35 (6): 567-591.

[95] Ke B, Petroni K, Safieddine A. Ownership Concentration and Sensitivity of Executive Pay to Accounting Performance Measures: Evidence from Publicly and Privately-held Insurance Companies [J]. Journal of Accounting and Economics, 1999, 28 (2): 185-209.

[96] Ke B, Rui O, Yu W. Hong Kong Stock Listing and the Sensitivity of Managerial Compensation to Firm Performance in State-controlled Chinese Firms [J]. Review of Accounting Studies, 2012, 17 (1): 166-188.

[97] Kim C, Zhang L. Corporate Political Connections and Tax Aggressiveness [J]. Contemporary Accounting Research, 2016, 33 (1): 78-114.

[98] Kim J B, Li L, Lu L Y, et al. Financial Statement Comparability and Expected Crash Risk [J]. Journal of Accounting and Economics, 2016, 61 (2-3): 294-312.

[99] Kim J B, Li Y, Zhang L. CFOs Versus CEOs: Equity Incentives and Crashes [J]. Journal of Financial Economics, 2011b, 101 (3): 713-730.

[100] Kim J B, Li Y, Zhang L. Corporate Tax Avoidance and Stock Price Crash Risk: Firm-level Analysis [J]. Journal of Financial Economics, 2011a, 100 (3): 639-662.

[101] Kim J B, Song B Y, Wang Z. Special Purpose Entities and Bank Loan Contracting [J]. Journal of Banking & Finance, 2017 (74): 133-152.

[102] Kim J B, Wang Z, Zhang L. CEO Overconfidence and Stock Price Crash Risk [J]. Contemporary Accounting Research, 2016, 33 (4): 1720-1749.

[103] Kim J B, Zhang L. Accounting Conservatism and Stock Price Crash Risk: Firm-Level Evidence [J]. Contemporary Accounting Research, 2016, 33 (1): 412-441.

［104］Kim J B, Zhang L. Financial Reporting Opacity and Expected Crash Risk：Evidence from Implied Volatility Smirks ［J］. Contemporary Accounting Research, 2014, 31（3）：851-875.

［105］Kothari S P, Shu S, Wysocki P D. Do Managers Withhold Bad News? ［J］. Journal of Accounting Research, 2009, 47（1）：241-276.

［106］Kraft A G, Vashishtha R, Venkatachalam M. Frequent Financial Reporting and Managerial Myopia ［J］. The Accounting Review, 2017, 93（2）：249-275.

［107］Lange D, Boivie S, Westphal J D. Predicting Organizational Identification at the CEO Level ［J］. Strategic Management Journal, 2015, 36（8）：1224-1244.

［108］Lee E S, Park T Y, Koo B. Identifying Organizational Identification as A Basis for Attitudes and Behaviors：A Meta-analytic Review ［J］. Psychological Bulletin, 2015, 141（5）：1049.

［109］Li X, Wang S S, Wang X. Trust and Stock Price Crash Risk：Evidence from China ［J］. Journal of Banking & Finance, 2017（76）：74-91.

［110］Lin C, Lin P, Song F M, et al. Managerial Incentives, CEO Characteristics and Corporate Innovation in China's Private Sector ［J］. Journal of Comparative Economics, 2011, 39（2）：176-190.

［111］Mael F A, Ashforth B E. Loyal from Day One：Biodata, Organizational Identification, and Turnover among Newcomers ［J］. Personnel Psychology, 1995, 48（2）：309-333.

［112］Mael F, Ashforth B E. Alumni and Their Alma Mater：A Partial Test of the Reformulated Model of Organizational Identification ［J］. Journal of Organizational Behavior, 1992, 13（2）：103-123.

［113］Manso G. Motivating Innovation ［J］. The Journal of Finance, 2011, 66（5）：1823-1860.

［114］Markarian G, Santaló J. Product Market Competition, Information and Earnings Management ［J］. Journal of Business Finance & Accounting, 2014, 41

(5-6): 572-599.

[115] Mayew W J, Sharp N Y, Venkatachalam M. Using Earnings Conference Calls to Identify Analysts with Superior Private Information [J]. Review of Accounting Studies, 2013, 18 (2): 386-413.

[116] Miller G S. The Press as A Watchdog for Accounting Fraud [J]. Journal of Accounting Research, 2006, 44 (5): 1001-1033.

[117] Mishra C S, McConaughy D L, Gobeli D H. Effectiveness of CEO Pay-for-Performance [J]. Review of Financial Economics, 2000, 9 (1): 1-13.

[118] Morck R, Yeung B, Yu W. The Information Content of Stock Markets: Why Do Emerging Markets Have Synchronous Stock Price Movements? [J]. Journal of Financial Economics, 2000, 58 (1-2): 215-260.

[119] Mukherjee A, Singh M, Žaldokas A. Do Corporate Taxes Hinder Innovation? [J]. Journal of Financial Economics, 2017, 124 (1): 195-221.

[120] Nagarajan N J, Sivaramakrishnan K, Sridhar S S. Managerial Entrenchment, Reputation and Corporate Investment Myopia [J]. Journal of Accounting, Auditing & Finance, 1995, 10 (3): 565-585.

[121] Narayanan M P. Managerial Incentives for Short-term Results [J]. The Journal of Finance, 1985, 40 (5): 1469-1484.

[122] Page T B. CEO Attributes, Compensation, and Firm Value: Evidence from A Structural Estimation [J]. Journal of Financial Economics, 2018, 128 (2): 378-401.

[123] Peterson S J, Galvin B M, Lange D. CEO Servant Leadership: Exploring Executive Characteristics and Firm Performance [J]. Personnel Psychology, 2012, 65 (3): 565-596.

[124] Piotroski J D, Wong T J, Zhang T. Political Incentives to Suppress Negative Information: Evidence from Chinese Listed Firms [J]. Journal of Accounting Research, 2015, 53 (2): 405-459.

［125］Porter M E. Capital Disadvantage: America's Failing Capital Investment System［J］. Harvard Business Review, 1992, 70 (5): 65-82.

［126］Porter M E. Competitive Strategy［J］. Measuring Business Excellence, 1997, 1 (2): 12-17.

［127］Riketta M. Organizational Identification: A Meta-analysis［J］. Journal of Vocational Behavior, 2005, 66 (2): 358-384.

［128］Rosenbaum P R, Rubin D B. The Central Role of the Propensity Score in Observational Studies for Causal Effects［J］. Biometrika, 1983, 70 (1): 41-55.

［129］Schaefer S. The Dependence of Pay—Performance Sensitivity on the Size of the Firm［J］. Review of Economics and Statistics, 1998, 80 (3): 436-443.

［130］Sena V, Duygun M, Lubrano G, Marra M, Shaban M. Board Independence, Corruption and Innovation. Some Evidence on UK Subsidiaries［J］. Journal of Corporate Finance, 2018 (50): 22-43.

［131］Shleifer A , Vishny R W . Equilibrium Short Horizons of Investors and Firms［J］. American Economic Review, 1990, 80 (2): 148-153.

［132］Solow R M. Technical Change and the Aggregate Production Function［J］. The Review of Economics and Statistics, 1957 (2): 312-320.

［133］Stein J C. Takeover Threats and Managerial Myopia［J］. Journal of Political Economy, 1988, 96 (1): 61-80.

［134］Sunder J, Sunder S V, Zhang J. Pilot CEOs and Corporate Innovation［J］. Journal of Financial Economics, 2017, 123 (1): 209-224.

［135］Tajfel H. Social Identity and Intergroup Relations［M］. Cambridge: Cambridge University Press, 2010.

［136］Tangirala S, Ramanujam R. Exploring Nonlinearity in Employee Voice: The Effects of Personal Control and Organizational Identification［J］. Academy of Management Journal, 2008, 51 (6): 1189-1203.

［137］Van Dick R, Christ O, Stellmacher J, Wagner U, Ahlswede O, Grubba

C, Hauptmeier M, Höhfeld C, Moltzen K, Tissington P A. Should I stay or should I go? Explaining Turnover Intentions with Organizational Identification and Job Satisfaction [J]. British Journal of Management, 2004, 15 (4): 351-360.

[138] Van Dick R, Grojean M W, Christ O, Wieseke J. Identity and the Extra Mile: Relationships between Organizational Identification and Organizational Citizenship Behaviour [J]. British Journal of Management, 2006, 17 (4): 283-301.

[139] Van Knippenberg D. Work Motivation and Performance: A Social Identity Perspective [J]. Applied Psychology, 2000, 49 (3): 357-371.

[140] Wahal S, McConnell J J. Do Institutional Investors Exacerbate Managerial Myopia? [J]. Journal of corporate Finance, 2000, 6 (3): 307-329.

[141] Wang K, Xiao X. Controlling Shareholders' Tunneling and Executive Compensation: Evidence from China [J]. Journal of Accounting and Public Policy, 2011, 30 (1): 89-100.

[142] Wiesenfeld B M, Raghuram S, Garud R. Communication Patterns as Determinants of Organizational Identification in A Virtual Organization [J]. Organization Science, 1999, 10 (6): 777-790.

[143] Wooldrige, J. M. Econometric Analysis of Cross Section and Panel Data [M]. Cambridge: MIT Press, 2002.

[144] Yuan R, Sun J, Cao F. Directors' and Officers' Liability Insurance and Stock Price Crash Risk [J]. Journal of Corporate Finance, 2016 (37): 173-192.

[145] Yuan R, Wen W. Managerial Foreign Experience and Corporate Innovation [J]. Journal of Corporate Finance, 2018 (48): 752-770.

[146] Zwiebel J. Corporate Conservatism and Relative Compensation [J]. Journal of Political Economy, 1995, 103 (1): 1-25.

[147] Zwiebel J. Dynamic Capital Structure under Managerial Entrenchment [J]. The American Economic Review, 1996 (2): 1197-1215.

[148] 宝贡敏, 徐碧祥. 组织内部信任理论研究述评 [J]. 外国经济与管

理，2006（12）：1-9+17.

[149] 彼得·德鲁克. 创新与企业家精神 [M]. 北京：北京大学出版社，2018.

[150] 蔡贵龙，柳建华，马新啸. 非国有股东治理与国企高管薪酬激励 [J]. 管理世界，2018，34（5）：137-149.

[151] 陈钦源，马黎珺，伊志宏. 分析师跟踪与企业创新绩效——中国的逻辑 [J]. 南开管理评论，2017，20（3）：15-27.

[152] 陈云. 论集体主义历史谱系——以儒家文化为中心的型构 [M]. 北京：社会科学文献出版社，2018.

[153] 党力，杨瑞龙，杨继东. 反腐败与企业创新：基于政治关联的解释 [J]. 中国工业经济，2015（7）：146-160.

[154] 稻盛和夫. 企业家精神 [M]. 叶瑜，译. 北京：机械工业出版社，2018.

[155] 丁慧，吕长江，陈运佳. 投资者信息能力：意见分歧与股价崩盘风险——来自社交媒体"上证 e 互动"的证据 [J]. 管理世界，2018，34（9）：161-171.

[156] 方军雄. 我国上市公司高管的薪酬存在粘性吗？ [J]. 经济研究，2009，44（3）：110-124.

[157] 费孝通. 乡土中国（修订本）[M]. 上海：上海世纪出版集团，2013.

[158] 龚鹏程. 中国传统文化十五讲 [M]. 北京：北京大学出版社，2006.

[159] 郭玥. 政府创新补助的信号传递机制与企业创新 [J]. 中国工业经济，2018（9）：98-116.

[160] 黄政，吴国萍. 内部控制质量与股价崩盘风险：影响效果及路径检验 [J]. 审计研究，2017（4）：48-55.

[161] 姜付秀，黄继承. CEO 财务经历与资本结构决策 [J]. 会计研究，2013（5）：27-34+95.

[162] 姜付秀，郑晓佳，蔡文婧. 控股家族的"垂帘听政"与公司财务决

策［J］. 管理世界，2017（3）：125-145.

［163］蒋德权，姚振晔，陈冬华. 财务总监地位与企业股价崩盘风险［J］. 管理世界，2018，34（3）：153-166.

［164］杰弗里·A. 迈尔斯. 管理学与组织研究必读的 40 个理论［M］. 徐世勇，李超平等，译. 北京：北京大学出版社，2017.

［165］解维敏，方红星. 金融发展、融资约束与企业研发投入［J］. 金融研究，2011（5）：171-183.

［166］李四海，江新峰，宋献中. 高管年龄与薪酬激励：理论路径与经验证据［J］. 中国工业经济，2015（5）：122-134.

［167］李维安. 公司治理学（第三版）［M］. 北京：高等教育出版社，2016.

［168］李文贵，余明桂. 民营化企业的股权结构与企业创新［J］. 管理世界，2015（4）：112-125.

［169］李小晗，朱红军. 投资者有限关注与信息解读［J］. 金融研究，2011（8）：128-142.

［170］李小荣，刘行. CEO vs CFO：性别与股价崩盘风险［J］. 世界经济，2012，35（12）：102-129.

［171］李志生，李好，刘淳，张霆. 天使还是魔鬼？——分析师媒体荐股的市场效应［J］. 管理科学学报，2017，20（5）：66-81.

［172］梁权熙，曾海舰. 独立董事制度改革、独立董事的独立性与股价崩盘风险［J］. 管理世界，2016（3）：144-159.

［173］柳卸林，高雨辰，丁雪辰. 寻找创新驱动发展的新理论思维——基于新熊彼特增长理论的思考［J］. 管理世界，2017（12）：8-19.

［174］楼宇烈. 中国文化的根本精神［M］. 北京：中华书局，2017.

［175］卢锐，柳建华，许宁. 内部控制、产权与高管薪酬业绩敏感性［J］. 会计研究，2011（10）：42-48+96.

［176］逯东，王运陈，付鹏. CEO 激励提高了内部控制有效性吗？——来自国有上市公司的经验证据［J］. 会计研究，2014（6）：66-72+97.

[177] 罗进辉. 独立董事的明星效应：基于高管薪酬—业绩敏感性的考察 [J]. 南开管理评论，2014，17（3）：62-73.

[178] 潘越，肖金利，戴亦一. 文化多样性与企业创新：基于方言视角的研究 [J]. 金融研究，2017（10）：146-161.

[179] 权小锋，吴世农，文芳. 管理层权力、私有收益与薪酬操纵 [J]. 经济研究，2010，45（11）：73-87.

[180] 权小锋，吴世农，尹洪英. 企业社会责任与股价崩盘风险："价值利器"或"自利工具"？[J]. 经济研究，2015，50（11）：49-64.

[181] 谭劲松，冯飞鹏，徐伟航. 产业政策与企业研发投资 [J]. 会计研究，2017（10）：58-64+97.

[182] 汤晓建，林斌. CFO vs CEO：组织认同度与内部控制质量——基于2014年证监会中国上市公司问卷调查数据 [J]. 当代会计评论，2018，11（2）：82-100.

[183] 汤晓建，张俊生. 自愿性披露内部控制审计费用能够提高内部控制审计独立性吗？[J]. 审计研究，2017（3）：90-96.

[184] 唐跃军，左晶晶. 所有权性质、大股东治理与公司创新 [J]. 金融研究，2014（6）：177-192.

[185] 田轩，孟清扬. 股权激励计划能促进企业创新吗 [J]. 南开管理评论，2018，21（3）：176-190.

[186] 田轩. 创新的资本逻辑——用资本视角思考创新未来 [M]. 北京：北京大学出版社，2018.

[187] 王化成，曹丰，叶康涛. 监督还是掏空：大股东持股比例与股价崩盘风险 [J]. 管理世界，2015（2）：45-57+187.

[188] 王磊，孔东民. 盈余信息、个人投资者关注与股票价格 [J]. 财经研究，2014，40（11）：82-96.

[189] 王铁男，王宇，赵凤. 环境因素、CEO 过度自信与 IT 投资绩效 [J]. 管理世界，2017（9）：116-128.

［190］吴冬梅，刘运国．捆绑披露是隐藏坏消息吗——来自独立董事辞职公告的证据［J］．会计研究，2012（12）：19-25+94.

［191］辛清泉，林斌，王彦超．政府控制、经理薪酬与资本投资［J］．经济研究，2007（8）：110-122.

［192］邢立全，陈汉文．产品市场竞争、竞争地位与审计收费——基于代理成本与经营风险的双重考量［J］．审计研究，2013（3）：50-58.

［193］徐广成，于悦，陈智．信息环境变化、投资者信息解读与特质信息含量［J］．系统工程理论与实践，2016，36（9）：2226-2239.

［194］徐欣，唐清泉．财务分析师跟踪与企业 R&D 活动——来自中国证券市场的研究［J］．金融研究，2010（12）：173-189.

［195］许年行，于上尧，伊志宏．机构投资者羊群行为与股价崩盘风险［J］．管理世界，2013（7）：31-43.

［196］许言，邓玉婷，陈钦源，许年行．高管任期与公司坏消息的隐藏［J］．金融研究，2017（12）：174-190.

［197］杨青，高铭，Besim Burcin Yurtoglu．董事薪酬、CEO 薪酬与公司业绩——合谋还是共同激励？［J］．金融研究，2009（6）：111-127.

［198］杨兴全，张丽平，吴昊旻．市场化进程、管理层权力与公司现金持有［J］．南开管理评论，2014，17（2）：34-45.

［199］姚立杰，周颖．管理层能力、创新水平与创新效率［J］．会计研究，2018（6）：70-77.

［200］姚小玲，陈萌．中国传统伦理思想——社会主义核心价值体系构建的文化底蕴［M］．北京：人民出版社，2015.

［201］叶康涛，曹丰，王化成．内部控制信息披露能够降低股价崩盘风险吗？［J］．金融研究，2015（2）：192-206.

［202］余明桂，钟慧洁，范蕊．分析师关注与企业创新——来自中国资本市场的经验证据［J］．经济管理，2017，39（3）：175-192.

［203］虞义华，赵奇锋，鞠晓生．发明家高管与企业创新［J］．中国工业

经济，2018（3）：136-154.

［204］翟学伟．人情、面子与权力的再生产（第二版）［M］．北京：北京大学出版社，2017.

［205］翟学伟．中国人行动的逻辑［M］．北京：生活书店出版有限公司，2017.

［206］张俊生，汤晓建，曾亚敏．审计费用信息隐藏与审计质量——基于审计独立性和投资者感知视角的研究［J］．会计研究，2017（8）：88-93+95.

［207］张俊生，汤晓建，李广众．预防性监管能够抑制股价崩盘风险吗？——基于交易所年报问询函的研究［J］．管理科学学报，2018，21（10）：112-126.

［208］张立文．中国传统文化与人类命运共同体［M］．北京：中国人民大学出版社，2018.

［209］张敏，姜付秀．机构投资者、企业产权与薪酬契约［J］．世界经济，2010，33（8）：43-58.

［210］张维迎，盛斌．企业家——经济增长的王国［M］．上海：世纪出版集团/上海人民出版社，2014.

［211］张维迎．经济学原理［M］．西安：西北大学出版社，2015.

［212］张维迎．理解公司——产权、激励与治理［M］．上海：世纪出版集团/上海人民出版社，2014.

［213］张兆国，刘亚伟，杨清香．管理者任期、晋升激励与研发投资研究［J］．会计研究，2014（9）：81-88+97.

［214］赵子夜，杨庆，陈坚波．通才还是专才：CEO 的能力结构和公司创新［J］．管理世界，2018，34（2）：123-143.

［215］仲继银．董事会与公司治理［M］．北京：中国发展出版社，2017.

［216］仲继银．公司治理机制的起源与演进［M］．北京：中国发展出版社，2015.

［217］周中胜，陈汉文．会计信息透明度与资源配置效率［J］．会计研究，2008（12）：56-62+94.

后 记

本书得以顺利出版首先需要感谢南京农业大学金融学院领导的支持。其次，本书主要改编自我的博士学位论文，研究启发来源于我的导师林斌教授，在此特别感谢我的导师林斌教授辛勤的指导。此外，在本书研究完善过程中，也特别感谢我的副导师张俊生教授辛勤的指导，以及我的博士后合作导师东北财经大学方红星教授和博士学位论文答辩专家中国人民大学的姜付秀教授，中山大学管理学院的卢锐教授、曹春方教授，华南理工大学的梁彤缨教授、万良勇教授的宝贵建议。在中山大学攻读博士学位的 4 年中，对知识的渴求、对学术的热爱一直是我求学道路上前进的不竭动力。在这里遇到了人生中重要的师长、同门和同学，他们给予我无私的帮助与关爱；我也在这里不断拓展了自己的学术研究视野，提高了自己的学术研究素养，增强了自己的学术研究能力。所以，我特别想借此机会，向一直以来关心、帮助过我的人表达我最真挚的感谢。

感谢中山大学管理学院的魏明海教授、谭劲松教授、刘运国教授、唐清泉教授、辛宇教授、郑国坚教授、李广众教授、徐莉萍教授、李炜文教授、秦昕教授、山东大学管理学院的徐月华教授，西南财经大学的毛洪涛教授、吉利教授，苏州大学的权小锋教授，贵州财经大学的杜剑教授、杨杨教授、董延安教授，盐城工学院的卢新国教授、李争光副教授，南京农业大学的王怀明教授，美国纽约州立大学石溪分校的杨志锋教授，澳大利亚麦考瑞大学的石劲教授，美国孟菲斯大学的章红波（Joseph Zhang）副教授，澳大利亚科廷大学的樊影菡老师，感谢你们对我学习生活的无私帮助、关心与鼓励。感谢舒伟师兄、陈莹师姐、曹健师兄、林东杰师兄、陈颖师姐、何潆潆师姐、杜静师兄、郑巧师妹、霍铮师弟、谢丽娜师妹，感谢我的好兄弟李棚，感谢我的师弟首都经济贸易大学王肇博士，感谢我的师妹中南财经政法大学于芝麦博士，感谢你们对我学习生活的帮助与支持。

感谢我的爸爸、妈妈，感谢你们对我的养育之恩，感谢你们在我人生低谷时不断地给予我的鼓励，感谢你们一直以来对我无微不至的关怀与支持，感谢你们对我学术研究的大力支持，感谢你们替我分担家庭的责任。感谢我的爱人——杜东英博士，感谢你一直默默地支持着我博士求学，感谢你默默地承担着家庭的责任，感谢你任劳任怨地照顾着我们的儿子，使我能够安心完成学业。感谢我的儿子——汤茗宇小朋友，你的降临为我的人生注入了新的前行动力，以后的日子我会一直陪着你渐渐长大。

"路漫漫其修远兮，吾将上下而求索"。在今后的学术道路上，我将秉承中山大学会计优秀传统，脚踏实地、严谨治学，争取以优异的成果回报一直以来关心和帮助我的所有人。谨以此文向大家致以最真诚的感激和最美好的祝愿。

汤晓建

南京农业大学金融学院

2022 年 8 月 27 日